Sokei-an's Weisheit

Wenn dann der letzten Moment kommt,
können wir nicht sagen:
"Warte ein wenig, ich muss das Problem
von Leben und Tod erst noch lösen."
Dann bleibt uns nichts anderes übrig,
als die Augen zu schliessen,
zu atmen aufzuhören und Adieu zu sagen.
Dann haben wir keine Zeit mehr,
über Leben und Tod nachzudenken.
— Sokei-an

Dieses Buch ist all denen gewidmet,
die nicht bis zum letzten Moment warten wollen.

Meister Sokei-an

Sokei-an's Weisheit

Zusammengestellt von
Robert Wydler Haduch

Der Springende Punkt
Eine kleine Zen-Bibliothek

Zentrum für Zen-Buddhismus
Zürich, Schweiz
www.zzbzurich.ch
DerSpringendePunkt@zzbzurich.ch

ISBN 978-3-9524409-5-7

In derselben Reihe erhältliche Titel:

Das Herz-Sutra
Maka Hannya Haramita Shingyo
ISBN 978-3-9521915-6-9

Wie der Schmetterling aus der Raupe
Zen als innerer Wandlungsprozess
ISBN 978-3-9521915-5-2

Als Zen noch nicht Zen war
Worte und Taten der alten Meditationsmeister
ISBN 978-3-9521915-3-8

Man sieht nur in der Stille klar
Zen-Vorträge von Meister Sokei-an
ISBN 978-3-9521915-7-6
E-Book ISBN 978-3-9524409-0-2

Das andere Ufer ist hier
Erläuterungen zum Sutra des Sechsten Patriarchen
ISBN 978-3-9521915-8-2
E-Book ISBN 978-3-9524409-1-9

Inhalt

Einleitung

Dies ist nicht:

- ein "Zen-Buch, obwohl die Worte von einem Zen-Meister stammen,
- ein "buddhistisches Buch", obwohl die Worte von einem buddhistischen Lehrer stammen,
- ein Buch zum gelegentlichen Schmökern,
- ein Buch, das man jemals fertig studiert hat,
- ein Buch, das dein Leben verändern wird,
- ein Buch, das eine Idee, Philosophie, Religion oder ein Glaubenssystem verkaufen will.

Dies ist:

- ein Buch, das die destillierte Weisheit eines Mannes enthält, der sein Leben lang Fragen stellte über sich selbst und die Welt, in der er lebte,
- ein Buch mit vielen provozierenden Fragen und Aussagen,
- ein Buch, das man langsam liest, mit Hingabe und Aufmerksamkeit,
- ein Buch, das auf Grund der eigenen Erfahrung verstanden werden will,
- ein Buch für diejenigen, die den Mut haben, sich die Fragen zu stellen, die früher oder später jedermann für sich selbst stellen und beantworten muss,
- ein Buch, das ein Wegweiser sein kann, wenn man dies zulässt.

Wer war Sokei-an?

Sokei-an Shigestu Sasaki (1882-1945) kam als junger Mann 1906 in die USA. Auf diversen Wanderschaften lernte er Land und Leute gut kennen, bevor er sich Amerika endgültig zur Heimat machte.

Sein Wirken als Zen-Meister begann 1930 in New York mit der Gründung des First Zen Institute of America. Damals war der praktische Zen-Buddhismus in der westlichen Welt noch weitgehend unbekannt. Sokei-an war der erste Zen-Meister, der sich an der Ostküste niederliess. Obwohl er sich, weit von Japan entfernt, gewissermassen ausserhalb des traditionellen Zen-Etablissement bewegte, zeugten seine Worte und Taten von der Echtheit seiner Erfahrung und seiner Verbundenheit mit der universalen Weisheit des Zen-Buddhismus. Beides spiegelt sich auch in seinem Namen. Dieser nimmt Bezug auf den einflussreichen Zen-Meister Hui-neng (638-713), der, ebenfalls ganz auf sich selbst gestellt, im Tal namens Sokei lebte und lehrte. Wie Hui-neng verfügte Sokei-an über ein geniales Talent, das tiefe Gedankengut des ursprünglichen Buddhismus in der Sprache seiner Zeit neu zu beleben und im Alltag zu verwirklichen.

Erst in den Jahren nach Sokei-ans Tod wurde ein grosser Teil seiner Lehrreden und Anleitungen publiziert. Das lebendige Zen kann allerdings nicht in Worte eingefangen werden.

500+

Dieser Sammlung umfasst über 500 Zitate, gegliedert in 28 Themen von   Bewusstsein bis Zen (Mediation). Davon ist ein grosser Teil den Büchern *Man sieht nur in der Stille klar* und *Das andere Ufer ist hier* entnommen (Hrsg. A. Wydler Haduch). Beide Titel sind als Taschenbuch und als E-Buch im Handel erhältlich.

Kapitel 1

Bewusstsein

- Unser Bewusstsein ist wie ein Spiegel mit zwei Seiten; eine zur Aussenwelt hin gerichtet, die andere zum bodenlosen Inneren.

- Versucht nicht, das universale Bewusstsein innerhalb von euch selbst zu finden. Es ist überall, wir sitzen mitten darin.

- Durch Introspektion können wir die Grundlagen unseres Denkens und Verhaltens verstehen. Diese Grundlage ist das universale Bewusstsein, welches keine Ego-Identität besitzt.

- Wir sind von allem Anfang an mit dem universalen Bewusstsein verbunden, aber unsere Unwissenheit und Ichbezogenheit gaukeln uns eine Trennung vor.

- Es ist nicht nötig, den Verstand zu bemühen, um zu beweisen, dass wir Bewusstsein haben; wir wissen es.

- Wer sein Ego behalten und dessen Wünsche erfüllen will, lebt noch immer in seinem alten physischen Körper und nicht im universalen Bewusstsein.

- Vom Standpunkt der letztendlichen Wahrheit betrachtet, gibt es kein von Gott geschaffenes Universum, keine jenseitige Schöpfergottheit und keine Schöpfung, weil das Bewusstsein, das in solchen Kategorien denkt, selbst illusorisch ist.

- Vom buddhistischen Standpunkt aus ist das gegenwärtige Bewusstsein eines Menschen nichts anderes als eine der unzähligen Wellen im Ozean des Bewusstseins. Wenn der Mensch stirbt, legt sich diese Welle und geht in den wellenlosen Ozean zurück.

- Es gibt von allem Anfang an nur ein Bewusstsein, und dieses eine Bewusstsein wurde uns allen gegeben, so wie der Körper von Wasser jedem einzelnen Lebewesen Tropfen um Tropfen gegeben wird.

- Das Licht der innewohnenden Weisheit wird aus unserem überpersönlichen Bewusstsein heraus geboren, und mit diesem Licht wird die Dunkelheit unserer Unwissenheit vertrieben.

- Wenn ich euch frage: "Was ist Bewusstsein?", schliesst nicht die Augen. Öffnet sie und schaut mich an!

- Wenn wir die Welt vom Standpunkt unseres menschlichen Bewusstseins betrachten, sehen wir sie falsch.

- Im Buddhismus betrachtet man alle Erscheinungen des Universums als ein Teil des eigenen Bewusstseins.

- Der direkte Weg zur Wirklichkeit geht über das Bewusstsein selbst, nicht über das Untersuchen der äusseren Materie mit wissenschaftlichen Methoden. Mit diesen Methoden gelangt man zum Verständnis der Materie, aber nicht der eigenen Wirklichkeit.

- Glaubt nicht, es sei diese Welt, die euch Schwierigkeiten bereitet. Die Konflikte kommen aus unserem eigenen Bewusstsein, weil wir die Täuschungen für die Wirklichkeit halten

- Geburt und Tod sind Phänomene auf unserem Bewusstseinsspiegel und Konzepte unseres Gehirns; sie haben keine Wirklichkeit.

- Viele denken, die Welt sei eine Einbildung und wischen alles in ihrer Einbildung weg. Sie schliessen zuerst die Augen und dann die Ohren und unterdrücken ihr ganzes Bewusstsein. Denkt ihr, das sei die Wirklichkeit?

- Wir werden als Menschen geboren und sehen die Welt: "Oh!" Dabei wissen wir nicht, dass alle Dinge von unseren Sinnesorganen und unserem Bewusstsein gestaltet sind.

- Buddha ist das Bewusstsein, das um sich selbst weiss. Es ist unser gegenwärtiges, waches Bewusstsein, durch das wir sehen, hören, empfinden, riechen und schmecken.

- Unser persönliches Bewusstsein ist nicht identisch mit dem fundamentalen Bewusstsein, aber auch nicht getrennt davon.

- Wir denken fälschlicherweise, unser Bewusstsein sei ewig. Wenn dann das Lebensende kommt, haben wir Angst: "Was wird nun aus mir?" Wir können nicht Adieu sagen, da wir das ganze Leben lang der Täuschung unterlagen, es sei unser persönliches Bewusstsein, das unsterblich sei.

- Wir nehmen grundsätzlich an, dass wir alle in der gleichen Welt leben, doch dem ist nicht so. Die Welt, die sich unseren Sinnen präsentiert, wird von jedem Menschen etwas anders gesehen. Nur die Welt des fundamentalen, ursprünglichen Bewusstseins jenseits der Sinneswahrnehmung ist für alle gleich.

- Man heilt sich selbst von der Unbewusstheit durch das Streben nach mehr Bewusstheit.

- Hätte es kein Bewusstsein gegeben, bevor du geboren wurdest, hättest du nicht geboren werden können. Also ist Bewusstsein etwas, das du nicht selbst bist. Es lebte vorher, lebt jetzt und wird für immer leben. Es ist anfangslos und endlos.

- Alle Aktivitäten des Menschen sind die Folge der verschiedenen Sinnesfunktionen und der daraus resultierenden Bewusstseins-zustände. Wenn man dies alles beobachtet, gewinnt man vollständiges Verständnis seines eigenen Wesens und wird sich der eigenen Buddhanatur gewahr.

- Ihr sitzt dort und wisst, dass ihr dort sitzt. Dieses Bewusstsein ist die Quelle der Weisheit. Es ist sehr schwierig, dies verstandesmässig zu erfassen, aber wenn ihr euch hinsetzt und alles aufgebt, habt ihr Zugang dazu.

- Ein Bauer pflügt den Acker, ein Bankangestellter sitzt an der Rechenmaschine, ein Lehrer lehrt, ein Maler malt; das sind nicht viele verschiedene Handlungen; vom Standpunkt des universalen Bewusstseins ist es nur ein Tun.

- Man kann die Vögel der Vorstellungswelt nicht daran hindern, in unser Bewusstsein zu kommen, um zu singen und zu zwitschern, aber man braucht nicht zu antworten.

- Ihr seid mit allem möglichen beschäftigt und denkt, ihr hättet keine Zeit, eure ursprüngliche Weisheit zu suchen. Doch dazu braucht ihr keine Zeit. Setzt euch einfach hin, gebt alle diese weltlichen Angelegenheiten für eine Weile auf und kehrt zu eurem Bewusstsein zurück.

- Beim Tod kehrt das Fleisch zur Erde zurück, das Blut zum Wasser, die Körperwärme zum Feuer, der Atem zur Luft. Das wissen wir recht genau. Aber wohin kehrt unser Bewusstsein zurück? Das wissen wir nicht so genau, nicht wahr?

- Es gibt nur ein Bewusstsein im Universum. Es ist du, er, sie, ich. Es gibt nur einen Menschen, ihn grüsse ich und mit ihm esse ich, wenn ich mit Freunden zusammen bin. Ich sage und fühle, was alle fühlen. Mein Geist ist eins mit allen empfindenden Wesen.

- So wie Weihrauch in die Kleider dringt, wenn wir uns eine gewisse Zeit in einer Kirche oder in einem Tempel aufhalten, so durchdringen unsere Taten den Geist und verleihen ihm einen bestimmten "Duft". Dieser "Duft" dringt zur innersten Bewusstseinsschicht vor und parfümiert die Samen, welche sich dort befinden. Diese parfümierten Samen tragen das Karma für die nächste Verkörperung.

- Unser alltägliches Bewusstsein ist nicht das ursprüngliche Bewusstsein, sondern das Bewusstsein, das wir im Laufe unseres Lebens erworben haben. "Dahinter" oder "darunter" ist der ursprüngliche Geist.

- Viele Leute setzen ihr Bewusstsein mit Gott gleich, aber Bewusstsein ist kein absolutes Wesen. Unser Bewusstsein entsteht zusammen mit dem Körper und ist deshalb nicht von der Materie getrennt.

Buddha

- Buddhas Wohnstätte existiert nicht in der äusseren Welt. Jeder von euch ist eine Wohnstätte Buddhas.

- Ein Mensch mag von Tür zu Tür mit Kartoffeln oder Eis hausieren, doch in seinem Wesen ist er Buddha.

- Der Buddha hat nicht ausserhalb der Menschenwelt gelebt und soll auch nicht ausserhalb des eigenen Daseins gesucht werden.

- Jedermann ist Buddha, jedermann ist Gott. Es gibt kein Wasser, das für ein spezielles Gefäss geschaffen wurde; das Wasser ist in jedem Gefäss dasselbe.

- Was der Buddhas als "rechte Sicht" propagierte, ist vollkommenes Gewahrsein in diesem Augenblick und an diesem Ort, hier und jetzt.

- Ihr braucht nichts zu tun, um Buddha zu werden; eure Urnatur ist Buddha.

- Wir leben in einer Epoche des Pragmatismus und Nutz-
denkens. Das ist eine Zeit des materiellen Realismus. Fast
niemand kümmert sich um Gott oder Buddha. Wer
davon spricht, gilt als verrückt. Doch das echte, ern-
sthafte Menschenwesen kommt in solchen Zeiten zu
kurz.

- Kein einziger Mensch kann die Buddhanatur beein-
flussen. Sie ist das einfache Reaktionssystem, das alles
Leben hervorbringt.

- Viele buddhistische Mönche starben auf spektakuläre Art
und Weise, weil sie etwas Besonderes sein wollten. Der
Buddha jedoch starb einen menschlichen Tod. Er hatte
sehr starke Schmerzen und litt. Sein Tod war ein ausgeze-
ichneter Tod.

- Um die Lehre Buddhas mit klarem Geist zu hören, muss
man alle vorgefassten Meinungen wegschieben. Hört mit
wachem, unvoreingenommenem Geist zu und vergleicht
das, was ihr hört, nicht mit euren eigenen Vorstellungen!

- "Unser Geist ist in seinem Ursprung Buddha" ist kein
Glaubensbekenntnis und keine Legende – es ist die
Wahrheit.

- Wenn der Geist der Menschen leuchtend klar und weise wird, kommt der Buddhismus in ihr Land. Wenn der Geist erstarrt und dunkel wird, verschwindet der Buddhismus wieder.

- Setzt euch hin, sammelt die Kraft wie in einem elektrischen Blitz und stürzt euch in den Grossen Geist. Klebt euch keine Etikette an mit dem Wort "Ich". Entfernt alle Anschriften! Übt dies jeden Tag. Dann wird etwas in euch wachsen, bis ihr eines Tages, ganz plötzlich, Buddha findet.

- "Unser Geist ist in seinem Ursprung Buddha" ist kein Glaubensbekenntnis und keine Legende – es ist die Wahrheit.

- Es gibt keinen anderen anzustrebenden Ort oder Zustand, weder in der Vergangenheit noch in der Gegenwart noch in der Zukunft; es gibt nur das eine erleuchtete Bewusstsein. Das ist die Schlussfolgerung des Buddhismus.

Denken, Gedanken, Meinungen

- Das Denken, das von morgens bis abends stattfindet, ist nicht unser eigenes Tun. Es ist die Aktivität des aus sich selbst heraus existierenden Soseins. In Wirklichkeit sind wir wundervolle Wesen.

- Es ist nicht schwer, das Denken mit Hilfe von theoretischem Wissen umzukrempeln, aber sich von den täglichen seelischen Lasten, Ängsten und Sorgen zu befreien, das ist wirklich schwierig und kann ein Leben lang dauern.

- Die gegenwärtige Lebenslage ist das Resultat des Denkens und Handelns in der Vergangenheit, während vielen Zeitaltern, in vielen Verkörperungen. Sie ist kein Zufallsprodukt.

- Man mag sagen: "Mein Gewissen führt mich, es zeigt mir, was zu tun ist und was nicht." Aber wie gehorsam folgt man dem Flüstern des Gewissens?

- Etwas als gut oder böse zu betrachten, ist eine Gewohnheit des Denkens.

- Wir müssen von morgens bis abends auf der Hut sein und uns selbst beobachten, damit wir nicht den eingefleischten Gewohnheiten des dualistischen, unterscheidenden Denkens unterliegen.

- Wenn ihr es nicht lassen könnt, in Werten zu denken, denkt wenigstens, alles sei gut.

- Solange wir die verschiedenen Konzepte von Gut und Böse nicht verstehen, gibt es keinen Frieden. Als denkende Menschen, müssen wir die fundamentalen Unterschiede in den menschlichen Ideologien erkennen, um unnütze Streitereien und Blutbäder zu verhindern.

- Viele von uns akzeptieren alle Restriktionen von Autoritäten grundlos. Vielleicht zweifelt man ab und zu, aber man ist zu faul, um nachzudenken, also gehorcht man einfach.

- Jeder Mensch ist in sein eigenes Denken verstrickt und mitten im weiten Universum in sich selbst gefangen. Durchschneidet die Stricke und ihr seid frei.

- Die Theoretiker denken, es gebe hinter der phänomenalen Welt einen anderen Zustand und das sei das absolute Sein. Doch das reine Sein befindet sich nur jenseits des menschlichen Intellekts, nicht jenseits der Welt.

- Wenn ihr über die Wahrheit nachdenkt, müsst ihr bis zum Ende des Denkens kommen. Solange ihr noch etwas denken könnt, seid ihr nicht am wahren Ende.

- Denkt nicht bloss mit dem Gehirn! Benutzt den ganzen Körper zum Denken! Denkt vollkommen neutral. Das ist unser Weg.

- Um der Welt zu entsagen, ist es nicht notwendig, das Geschäft oder die Familie aufzugeben; man soll bloss auf nutzlose Gedanken verzichten.

- Es ist ein Unterschied, ob man die Bewegung der Gedanken willentlich anhält oder ob man im sich nicht bewegenden Geist ruht.

- Zuerst bringt ihr euch mit euren Gedanken ins Gefängnis, und dann weigert ihr euch herauszukommen.

- Rechte Sicht besteht darin, ohne vorgefasste Meinung an die Dinge heranzugehen.

- Die meisten Menschen überdecken die Tatsachen ihres Lebens mit Gedanken und halten diese Gedanken für wahr.

- Gedanken gehören zum Geist wie die Wellen zum Wasser. Daher ist es ganz falsch zu meinen, man müsse die Gedanken ausrotten, um zum wahren Wesen des Geistes zu gelangen.

- Einige Menschen denken, Reinheit bedeute, nicht zu rauchen, keinen Wein zu trinken, keinen Sex zu haben, aber zur Kirche zu gehen. Für mich bedeutet es, den eigenen Gedanken nicht zu glauben.

- Bejahen und Verneinen gehören in den Bereich des Dualismus, einen Gedanken anzunehmen oder zurückzuweisen ebenso.

- In dem Augenblick, in welchem man frei von jeglichen Gedanken ist, kann man in das Mysterium des Universums spähen.

- Übernehmt nicht die Gedanken anderer Menschen. Egal, welche Form sie haben, es handelt sich nie um die Aktivität eures Geistes, sondern um etwas, das im Geist eines anderen Menschen durch Worte geschaffen wurde.

- Die Reaktionen auf die gegebenen Umstände übersetzen sich in Gedanken. Für einen unerleuchteten Menschen sind Gedanken wie Dämonen, hauptsächlich störend. Für einen wachen Menschen sind Gedanken wichtig.

- Alle Gedanken sind wie Wellen der Meeresbrandung. Einige scheinen zu kichern und bilden kleine Schäumchen, andere sind zornig und verschlucken riesige Dampfschiffe. Aber alle bestehen sie aus Wasser, die früher oder später verdunstet.

- Gedanken sind nichts anderes als das Echo der eigenen Reaktionen auf Sinnesimpulse oder auf die Erfahrung dieser Reaktionen.

- Die meisten Menschen meinen, Wiedergeburt geschehe nach dem physischen Tod, aber sie findet in jedem Augenblick statt. Man wird auch in den Gedanken wiedergeboren. Doch solange man in Gedanken verkörpert ist, hat man keine Chance, die Freiheit des Geistes zu realisieren.

- Gedanken, Theorien und Vorstellungen sind Schleier, welche die Wirklichkeit umhüllen, weshalb wir diese nicht mehr sehen können.

- Nicht Gedanken und Ideen sind ursprünglich rein, sondern unsere Natur, die Nicht-Ich ist.

- Normalerweise kontrollieren die Menschen ihre Gedanken nicht; sie werden stattdessen von ihren Gedanken kontrolliert.

- Wahre Transzendenz ist: Jemand denkt, aber er denkt keine Gedanken. Er benutzt Gedanken als Instrumente des Denkens, aber er denkt nicht. Mit einem anderen Bild ausgedrückt: Er benutzt Geld, Geld benutzt nicht ihn.

- Der Rauch des Räucherstäbchens ist nicht Urnatur, es ist Rauch. Die Gedanken in unserem Gehirn sind ebenfalls Rauch. Haltet euch nicht beim Rauch auf, geht direkt zum Feuer und werdet Feuer! Das ganze Universum ist ein grosses Feuer.

- Die Gedankenformen sind die Inhalte des Geistes, die wie Schwemmmaterial aus Eindrücken über die Sinne in den Geistesfluss gelangen. Sie befinden sich im Geist, aber sie sind nicht der reine Geist.

- Wer versucht, die Wahrheit in der objektiven Existenz zu finden oder im eigenen Geist, indem er seine Gedanken erforscht oder seine Träume analysiert, haftet bloss an seinen Geistesinhalten und kann niemals Wahrheit finden.

- Wir denken, unsere Gedanken würden von und in uns selbst erzeugt, losgelöst von der Aussenwelt, aber dem ist nicht so.

- Denkt nicht, rechte Sicht sei in irgend welchen Begriff zu finden, kein einziges Gedankenkonzept enthält die rechte Sicht.

- Ja und Nein gehören zum menschlichen Denken. Aber das grosse Sein hat nichts mit dem menschlichen Denken zu tun. Es existiert vor der menschlichen Wahrnehmung, vor dem menschlichen Wort, vor dem menschlichen Denken.

- Leidenschaft, Zorn und Unwissenheit sind primitive Ausdrucksformen des Denkvermögens, während Gebote, Meditation und Weisheit höher entwickelte Formen desselben Vermögens sind.

- Wir leben unser Leben entsprechend unserem falschen Verständnis und geben diesen Vorstellungen Namen wie Sozialismus, Marxismus, Anarchismus, Realismus, Naturalismus, Egoismus, Buddhismus, Kommunismus usw. Überzeugungshaltungen sind immer sehr trocken und starr.

- Ein ehrliche Mensch schiebt seine Zweifel nicht einfach weg, sondern denkt tief darüber nach. So gelangt er an den Grund des Konflikts und wird fertig damit.

Das Eine

- Die Rückkehr in den ursprünglichen Zustand der Einheit mit der grossen Natur ist Erleuchtung.

- Um Buddhas Sicht der Einheit zu verstehen, muss man wissen, dass für uns Menschen alles zwei Seiten hat: vorn und hinten, negativ und positiv, relativ und absolut. Kann man positiv und negativ voneinander trennen? Nein. Es ist wie bei einem Blatt Papier. Die zwei Seiten eines Papiers sind nicht trennbar, sie sind eins.

- Wir schaffen für das Eine zwei Begriffe. Es handelt sich dabei um nichts weiter, als um zwei Vorstellungen von derselben Sache.

- Dualität wird nicht durch Logik überwunden, sondern durch einen Werdeprozess.

- Der Weg führt von der Vielheit zur Einheit und vor dort wieder zur Vielheit.

- Wenn man über die Einheit überhaupt etwas sagen kann, dann muss man sagen, dass sie nicht nichts ist; es ist keine absolute, vom Leben losgelöste Einheit.

- Vollkommen konzentriert auf eine Sache zu sein, bedeutet, eins zu sein damit.

- Das Eine ist im jungen Hund, in der Katze, in der Fliege, im Menschen enthalten.

- Diejenigen, welche die Sicht der Einheit für das Höchste und Letzte halten und die Mannigfaltigkeit der Welt als illusorisch abtun, können mit den Einzelheiten ihres Lebens nicht richtig umgehen und deshalb nicht richtig handeln. Sie verharren in der "transzendentalen" Einstellung.

- Als ich ein Kind war, machte mir meine Mutter Handschuhe ohne Finger – zwei einfache grosse Säcke. Wie kann man mit solchen "Einheits-Hüllen" über den Händen die Nahrung zu sich nehmen?

- Um die Einheit zu erfahren, müssen wir die zweiäugige, dualistische Betrachtungsweise aufgeben und die Sicht des einen Auges entwickeln. Und dann müssen wir auch noch diese Einheit zerstören, denn es handelt sich dabei immer noch um ein Konzept.

- Erst wenn man die vollständige Einheit mit dem Universum hergestellt hat, kann man wieder auf Worte und Symbole zurückgreifen, falls man darüber sprechen will.

- In der indischen Kunst wird das Eine mit sechs Füssen, sechs Händen und sechs Köpfen dargestellt. In jeder Handfläche und jeder Fusssohle befindet sich ein Auge, ebenso in jeder Pore der Haut und in jedem Haar.

- Wenn es nur eins gibt, ist es natürlich nicht nötig, es "eins" zu nennen.

Ego

- Wir sind so klein, wenn wir uns anstrengen, unsere egozentrische Weltanschauung beizubehalten.

- Wenn man den Körper ohne jedes Zweckdenken benutzt, weiss man für alles die exakte Zeit. Wenn man ihn hingegen für die eigenen egoistischen Zwecke benutzt, spürt man den richtigen Zeitpunkt nicht.

- Es ist schwierig, völlig ohne negative Eigenschaften zu sein, doch wenn man nicht dem Egoismus verfällt, kann man es verhindern, aus diesen menschlichen Schwächen heraus zu handeln.

- Das Ego soll einfach an seinen rechten Platz kommen und aus dem Zentrum des menschlichen Geistes verschwinden. Dann offenbart sich der Himmel von selbst.

- Gelassenheit ist das Symbol für Nicht-Ich, für reine, klare Reaktionsfähigkeit.

- Wer es nicht fertig bringt, die stolze Flagge seiner Ichheit zu senken, kann sein eigenes wahres Menschenherz nie finden.

- Gelassenheit ist das Symbol für Nicht-Ich, für reine, klare Reaktionsfähigkeit.

- "Richtig" bedeutet im Buddhismus "ohne Ego". Richtig handeln bedeutet deshalb, natürlich zu handeln, ohne Künstlichkeit, ohne Hintergedanken und ohne sich an bestimmte Gesetze zu klammern.

- Man kann nicht in der Ich-Haltung verharren und glücklich leben.

- Das, was hört, denkt, sieht und das, was schläft, verdaut, träumt ist nicht die Person, nicht ich. Das Ich hat nichts damit zu tun.

- Man muss sich der Auswirkungen der zahllosen Verflechtungen und Irrtümer des Egos entledigen, dann erst findet man den ausgeglichenen Geist.

- Weiss ich selbst, dass ich bin? Nein! Es gibt kein "ich selbst".

Erleuchtung

- Man kann sich keine Erleuchtung erwerben durch Spenden und Wohltätigkeit, doch es gibt Leute, die dies immer noch glauben.

- Befreit euch von Erleuchtung! Erwacht zu diesem Leben!

- Wenn man bloss durch tagelanges Sitzen zur Erleuchtung käme, wären alle Bettler auf den Treppenstufen in der Untergrundbahn erleuchtet.

- Erleuchtung erzeugt keinen Heiligenschein über dem Kopf und keine Lichtstrahlen in den Augen. Wäre dem so, könnten Blinde nicht erleuchtet sein.

- Denkt nicht, Erleuchtung sei ein Wunder – es ist einfach das Sehen der Wirklichkeit. Es ist nicht wie ein Blitz im Auge, der bewirkt, dass die ganze Welt anders aussieht, es ist nicht so etwas Dummes. Weisheit ist das Licht eures eigenen Geistes.

- Es gibt nur einen Weg, um zur Erleuchtung zu kommen: durch die eigene Erfahrung des eigenen Wesens.

- Erleuchtung kommt nicht durch Diskussionen. Jeder Einzelne setzt sich auf seinen eigenen Sitz, und auf diesem Sitz erleuchtet er sich selbst.

Geist

- Wenn man Reinheit des Geistes anstrebt, erzeugt man bloss eine illusionäre Reinheit.

- Es gibt eine grosse Frage, die wir jederzeit im Geiste beantworten müssen: Wer ist derjenige, den du bei deinem eigenen Namen nennst? Woher kam er? Wohin geht sie?

- Freiheit des Geistes bedeutet, von Farben nicht gefärbt, von Tönen nicht weggetragen zu werden.

- Geist ist fliessend, er hält sich an keinem Ort auf. Er ist im wahren Sinn formlos, ohne Inhalt und ohne Gegenstand.

- Das, worauf es ankommt, ist die Ruhe des Geistes.

- Die Nahrung für Geistesfrieden ist Zwecklosigkeit, Geist ohne Absicht.

- Der erste Schritt im buddhistischen Training ist es, den denkenden Geist zu zügeln, indem man in ihn hineinschaut.

- Du glaubst die Welt, in der du lebst, sei die einzige. Doch als Mensch siehst du nur die Welt, welche der menschliche Geist mit Hilfe der fünf Sinne wahrnehmen kann. Es existieren simultan viele Welten, die du nicht mit deinen Augen und deinem begrifflichen Denken wahrnehmen kannst.

- Reinigt euren Geist von allen Vorstellungen und "ismen", und ihr werdet eure eigene Urnatur finden.

- Anhaften oder Gleichgültigkeit sind beide falsch. Wenn ihr mitten im Universum sitzt, eins mit Körper, Geist und den fünf Sinnen, ist das weder anhaften an der Existenz noch sich abwenden davon. Es ist weder etwas Körperliches noch etwas Geistiges.

- Wenn wir die Abfälle aus unserem Geist wegschaffen können, haben wir reine Geistesbewegung.

- Es muss unterschieden werden zwischen Geistesinhalt und Geistesbewegung. Der Geist ist ständig in Bewegung wie die Wellen in einem Fluss. Er trägt die Inhalte, so wie Wellen Abfälle tragen. Doch das Wasser wird davon nicht beschmutzt.

- Unterhaltet ihr euch mit dem Polizisten und Eisverkäufer, mit der Katze oder dem Hund, die ihr vor eurem Fenster vorbeigehen seht? Nein! Aber ihr tut dies mit euren Geistesinhalten. Ihr redet sogar mit euch selbst, wenn ihr allein seid.

- Von einer Brücke ins Wasser schauend hat man das Gefühl, die Brücke fliesse, aber dem ist nicht so. Das Wasser fliesst. Ihr denkt, ihr werdet alt, aber das, was alt wird, seid ihr nicht selbst. Was sich bewegt, sind die vier Elemente des Körpers und die Geistesinhalte. Der Geist ist immer jung.

- Ihr müsst wissen, dass der nicht-denkende Geist nicht der menschliche Geist ist, sondern der wunderbare Geist, der niemandem gehört.

- Unser Geist ist bloss eine Fata Morgana, über die man nachdenkt.

- Was ist falsch an der Aussenwelt, der Welt der vier Elemente Erde, Wasser, Feuer und Luft? Nichts. Das, was in der Welt falsch ist, befindet sich im Geist der Menschen.

- Lasst es nicht zu, dass die Aktivität eures Geistes – die Wirbel und Wellen eurer Sorgen und Freuden – den Fluss am Fliessen hindern.

- Wer versucht, den Zustand der Einheit willentlich und denkerisch festzuhalten, verhindert den natürlichen Fluss der Geistesaktivitäten, so als ob er den Ausguss einer Flasche verschlossen hielte. Man muss den Verschluss wegwerfen und in wahre Leere eintreten.

- Der Mensch ist gewöhnlich nicht im Kontakt mit seinem Geist; – man lebt gewissermassen neben sich selbst. Doch sobald man die gedanklichen Aktivitäten loslässt und meditiert, kehrt der Geist in seinen ursprünglichen Zustand zurück.

- Der Urzustand des Geistes ist unendlicher, grenzenloser Raum. Er enthält die ganze potentielle Lebenskraft.

- Jede Form des Anhaftens, sei es an die äusseren Erscheinungsformen oder an die innere Leerheit, ist eine Fehlhaltung des Geistes.

- Ein einfacher Geist erlangt Weisheit schneller als ein gebildeter, denn letzterer muss erst alle erworbenen Geistesinhalte wieder loswerden. Das dauert lange.

- Man stellt sich vor, Zeit und Raum seien aussen. Aber nein, Zeit und Raum existieren in unserem menschlichen Geist.

- In seiner kindlichen Form denkt der menschliche Geist in Sinnbildern und Personifizierungen. Er projiziert die Eindrücke seiner Sinneswahrnehmungen auf die Dinge der Umwelt. Aus diesem Grund sehen wir Menschen die Welt durch Schleier und Schatten, welche wir selbst erschaffen.

- Jede dualistische Sicht, sei sie geistig oder materiell, ist nicht die rechte Sicht.

- Beobachtet die Bewegungen eures Geistes, aber unterlasst es, ihnen zu folgen!

- Ein Kind von vier oder fünf Jahren befindet sich tatsächlich in der Leerheit, aber es denkt nicht darüber nach, es produziert diesen Zustand nicht vorstellungs-mässig und hält nicht daran fest. Sein Geist ist frei – er ist göttlich – nicht festgenagelt, nicht gekreuzigt.

- Wenn der Geist in Ordnung ist, ist alles in Ordnung, selbst wenn der Körper krumm und verkrüppelt ist.

- Die Verwirklichung der erleuchteten Freiheit ist eine echte Wissenschaft. Der Buddha untersuchte alle Erscheinungen innerhalb seines eigenen Geistes durch Introspektion und löste sich davon.

- In unserer Sprache gibt es keine Worte, welche die Gegensätze vereint und gleichzeitig zum Ausdruck bringen. Dementsprechend zertrennen wir auch unsere Existenz gedanklich in Gegensätze wie z.b. Materie und Geist. Zusätzlich beschliessen wir: Geist ist gut, Materie ist schlecht. Sonderbar!

- Wir haben eine kontrollierende Kraft in uns, ein bewusstes Zentrum, das uns ermöglicht, geistig gesund zu leben. Aber wenn man dieses Zentrum verliert, wird man krank.

- Logik ist nützlich, um anderen etwas zu erklären, aber es ist ungeschickt, in dieser Form zum eigenen Geist zu sprechen. Sprecht zu euch selbst ohne Worte!

- Auf dieser Erde können wir nicht in alle Richtungen gleichzeitig gehen, doch in seinem Urzustand kann sich unser Geist in alle Richtungen gleichzeitig ausdehnen.

- Auf unserer modernen Jagd nach Geld bleibt keine Zeit, um den eigenen Geist zu untersuchen. Mir scheint, wir leben in der traurigsten Epoche der Geschichte.

- Es ist nicht leicht, den ursprünglichen Geist zu erkennen. Man kann darüber lesen und sich Vorstellungen davon machen, aber ihn wirklich zu erkennen, erfordert harte Arbeit.

- Im Schlaf sind wir am Busen der Natur, aber wir haben kein Wissen. Was ist überhaupt Natur? Es sind nicht Sonne, Mond, Berge und Sterne. Natur ist unser Geist.

- Geist existiert vom anfangslosen Anfang an bis zum endlosen Ende. Er wurde nicht geschaffen, aber er schafft alle Erscheinungen der Welt.

- Man kann Geist nicht "mein Geist", "dein Geist" oder "sein Geist" nennen. "Mein" Geist ist bloss ein Tropfen im grossen Ozean.

- Versucht nicht, den Geist zu stoppen, lasst ihn einfach los.

- Das Wasser ist ein Symbol deines Geistes, sanft und unbeweglich. Verursache keinen Sturm darin!

- Wir müssen klar unterscheiden, was sich bewegt und was nicht. Man sieht die Bewegung der Materie im Geist und meint, der Geist bewege sich. Doch gibt es keine Materie, bewegt sich nichts. Betrachtet man das Meer, scheint es sich zu bewegen, doch in Wirklichkeit bewegt sich nichts.

- Wenn sie hören, das Leben sei ein Traum, nehmen viele Leute den Hut und wenden sich ab. Sie können diesen Traum nicht akzeptieren, weil ihr Geist zu schwach ist, um ihn zu durchdringen. Das war schon zu Buddhas Zeit so.

- Wenn wir den Geist auf unsere Person reduzieren, hindern wir ihn daran, seine volle Schöpfungskraft zu entfalten.

- Nicht jedermanns Geist ist leer. Die Menschen, deren Geist leer ist, haben sich darin geübt, nicht alles verzerrt zu sehen. Sie sehen die Dinge wie ein fünf- oder sechsjähriges Kind. Sie sind offen für grosse Schönheit und tiefe Lehren.

- Mit reinem Geiste zuzuhören ist die richtige Art des Zuhörens. Man muss die eigenen Meinungen und Ansichten zur Seite schieben und alle Vorstellungen und Ideen für eine Weile ausser acht lassen.

- Wir leben an verschiedenen Orten und verrichten verschiedene Arbeiten, aber diese Orte und Taten sind fundamental eins. Verständnis macht unser Leben sehr einfach und den Geist weniger geschäftig.

- Der Geist ist fliessend. Wenn man ihn in ein Gesetzt zwängt, kann man nicht natürlich handeln.

- Wenn wir von der Tiefe des ursprünglichen Bewusstseins auftauchen, hat unser persönliches Bewusstsein seine ursprüngliche Kraft. Der Geist ist klar, der Atem leicht, die Gesichtszüge sind entspannt.

- Fast alle suchen nach etwas, womit sie ihren Geist füllen können, aber das ist etwas ganz anderes, als nach dem Geist selbst zu suchen.

- Der Kram, den wir in unserem Geist mit uns tragen, besteht aus "eingefrorenen" Sinneseindrücken.

- Der reine Geist kennt keine Zeit, keinen Raum und keine Vergänglichkeit.

- Grabt tief in euren Geist hinein, bis zu seinem Grund und darüber hinaus; macht ihn bodenlos. Klettert auf den höchsten Gipfel des Denkens und darüber hinaus; macht es grenzenlos.

- Gebt alles auf, was sich an Wissen in eurem Geist angesammelt hat und kommt auf den nackten Boden zu stehen.

- Unsere geistige Natur sucht immer nach einem Gleichgewicht und signalisiert uns damit, was zu tun ist.

- Das angelernte Wissen und die vergangenen Erfahrung sind wie die Dornen einer Rose im Fleisch. Die Dornen im Fleisch werden schnell herausgezogen, aber die Dornen im Geist behält man sehr lange.

- Aus der menschlichen Warte erscheint der reine Geist als ewig, aber ewig ist keine Wirklichkeit, sondern nur ein Konzept im Vergleich zu vergänglich. Das eine existiert nicht ohne das andere.

- Man muss den Geist klären, damit man das erfassen kann, was nicht aus Worten besteht.

- Wenn man im Wasser schwimmt, sieht man alle darin herumliegenden Dinge: Holz, tote Fische, Schuhe usw. Wenn man diese Dinge im eigenen Geist sieht, kann man sie nutzen, statt von ihnen behindert zu werden.

- Wenn ihr euch geistig sammelt, sollt ihr zuerst das ganze mentale Geschwätz und Geflüster hören, das in eurem Gehirn vor sich geht. Wenn dies erreicht ist, verschwinden die Einzelheiten und das ganze Universum wird zu einem einzigen, riesigen Ohr.

- Die totale Ausrichtung auf das, was man gerade tut (engl. single-mindedness) ist nicht das Resultat eines geistigen Trainings, sondern der inneren Einstellung.

- Das "Fliessen-lassen" des Geistes in einer Aktivität ist ein Zeichen von Mut und von Vertrauen in den eigenen Geist.

- Euer Geist gleicht einem Dschungel, voller Stinktiere und Schlangen darin. Räumt ihn auf, macht einen schönen Garten daraus!

- Der erleuchtete Geist basiert auf etwas, das nicht deiner Geistesaktivität entspringt, er basiert auf der Fähigkeit, die der Kosmos schenkt.

- Der Geist fast aller Menschen ist entweder wie Pudding oder Eiscreme oder er ist so hart, dass man ihn mit einem Hammer zermalmen muss.

- Um zum leeren Geist zu kommen, gibt es zwei Schritte: Zuerst hält man die Bewegung des Geistes willentlich an, und dann lässt man dieses willentliche Anhalten los. Dadurch pendelt sich der Geist von selbst ein und kommt in den rechten Zustand der natürlichen Achtsamkeit.

- Das Befolgen der Gebote kommt aus dem gleichen Geist wie der Versuch, alles in die eigene Tasche zu stecken. Die gleiche Natur hat zwei Auswirkungen, eine destruktive und eine produktive, eine zerstörerische und eine schöpferische.

- Lasst eure Vorstellungen fallen, erlangt die Freiheit eures Geistes zurück!

- Der leere Geist ist wie ein Kind, das eben geboren wurde. Alles ist im Neugeborenen enthalten, und sein Geist ist wie der allumfassende Himmel.

- Ihr denkt wahrscheinlich, Reinheit des Geistes bestehe darin, während der Meditation nicht an Geld, Frauen, Erdbeben, Feuer, Stürme usw. zu denken. Und unter Nicht-Aktivität des Geistes stellt ihr euch vor, dass ihr still sitzen sollt, ohne zu denken. Aber ihr wollt trotzdem den Zug nach Hause nicht verpassen.

- Ihr nehmt euren Magen sehr ernst, nicht aber das Gehirn. Der Magen kommt natürlich zuerst, aber wenn ihr eurem Gehirn keine geistige Nahrung zuführt, verkümmert es.

- Wir alle haben das Leiden eines unruhigen Geistes, der die Wirklichkeit verzerrt wahrnimmt. Diese unruhige Geistesaktivität muss wie eine schlechte Angewohnheit vernichtet werden, wenn man klar sehen will.

- Dieser unruhige Geist ist wie ein Mensch, der auf einem Stuhl sitzt und dauernd mit dem Finger auf den Tisch klopft oder mit einem Bein auf und ab wackelt – verrückt.

- Wir haben eine kontrollierende Kraft, ein bewusstes Zentrum, das uns ermöglicht, geistig gesund zu leben. Aber wenn man die Kontrolle dieses Zentrums verliert, wird man krank.

- Der Weg des einheitlichen Geistes wird manchmal als Neutralität interpretiert. Aber vom buddhistischen Standpunkt aus ist Einheit nicht mit Neutralität gleichzusetzen. Denn Neutralität ist eine Folge von Dualismus, weil sie auf der Vorstellung der Zweiheit beruht.

- Lasst euren Geist frei wie die Saiten einer Harfe.

Gott

- Wenn man sagt, das Universum sei von Gott geschaffen worden, ist das eine Idee. Vom rechten Standpunkt der letztendlichen Wahrheit betrachtet, gibt es kein einmalig geschaffenes Universum, keine jenseitige Schöpfergottheit und keine Schöpfung; das Bewusstsein, das in solchen Kategorien denkt, ist illusorisch.

- Der Weg steht in euch selbst geschrieben; ihr seid selbst der Weg. Doch ihr lest Bücher, besucht Gottesdienste, reist nach Japan, Indien oder sonst wohin, um den Weg zu finden.

- Manche Leute sagen: "Wenn ich Gottes Willen wüsste, würde ich mich anders verhalten." Warum bemühen sie sich dann nicht darum, Gottes Willen zu verstehen?

- Gott ist immer in euch, von morgens bis abends, im Schlafen wie im Wachen. Aber ihr müsst ihm begegnen. Bevor dies geschieht, könnt ihr nichts über ihn sagen oder andere darüber unterrichten.

- Der wahre Gott ist hier, nicht im Himmel.

- Wo es einen Ort gibt, an dem man sich niederlassen kann, da gibt es keinen Gott; wo es keinen Ort gibt, um sich niederzulassen, dort ist Gott.

- Viele Mütter sagen zu unartigen Kindern, Gott werde sie betrafen. Doch fragt man sie, was Gott ist, können sie nicht antworten. Fragt man sie nicht, sagen sie auch nichts.

- Fast alle Menschen gehen regelmässig ins Haus Gottes, jedes Dorf hat eines oder mehrere davon. Aber niemand weiss, was Gott ist. Alle sind so beschäftigt; sie haben keine Zeit, um über Gott nachzudenken. Dann sterben sie, ohne Gott erkannt zu haben.

- Die Idee, dass Gott gut ist und der Mensch schlecht, ist sehr dumm. Im Urzustand gibt es weder Gott noch Mensch, da gibt es bloss Sein.

- Gott ist nicht in der Welt der Phänomene, man kann ihn nicht mit den menschlichen Augen sehen.

- Für die Buddhisten ist Gott das Universum, in dem aber in Wirklichkeit niemand und nichts ist.

- Es ist ganz klar, was Glaube ist. Man wartet nicht darauf, dass er einem von jemandem gegeben wird; er kommt nicht aus der Hand eines Engels oder Gottes. Man empfängt diesen Glauben aus dem eigenen Geist, der eigenen Seele, der innewohnenden Urnatur.

Leben und Tod

- Wir sollten für unsere Existenz kämpfen, so gut wir können, aber wir dürfen uns dabei nicht um Gewinn oder Verlust kümmern. Es ist nicht an uns zu entscheiden, ob wir leben oder sterben.

- Auf der Bühne des täglichen Lebens sollt ihr nicht "jemand" sein, sondern "niemand".

- Solange ihr nicht aus eurem Ich heraustretet, versteht ihr das Gesetz des Lebens nicht und gebt anderen die Schuld für eure Schwierigkeiten.

- Wer nichts unternimmt, um seine Einstellung zu ändern, wird weiterhin leiden. Man kann nicht in der Ich-Haltung verharren und glücklich leben.

- Wer seinen Urzustand kennt, kennt die Kraft, die seinen Körper am Leben hält, und seine Nahrung verdaut, ganz ohne sein Dazutun.

- Wir müssen unser Leben verschwenden, bevor wir es verstehen können.

- Wir können keine Harmonie herstellen, wenn wir eine einseitige Ansicht vertreten. Wenn man im weltlichen Leben schwelgt oder es ablehnt, hat man kein Gleichgewicht.

- Befreit euch von Erleuchtung, erwacht zu diesem Leben.

- Man braucht nichts zu zerstören. Sobald man zum Schluss kommt, dass das Leben ohne Makel ist, hat man ewigen Frieden.

- Betrachten wir unser fundamentales Verlangen nach Leben von aussen, sehen wir es als einen ganzheitlichen Trieb und Wachstumsprozess; sehen wir es aber von innen, erleben wir es als Freude, Hass, Leiden, Liebe, wie wir es jeden Tag erfahren.

- Der Begriff "Lebensumstände" hat im Buddhismus eine bestimmte Bedeutung. Die gegenwärtige Lebenslage ist das Resultat der Vergangenheit in vielen Verkörperungen während vielen Kalpas. Sie ist kein Zufallsprodukt.

- Die Menschen verstärken ihr geistiges Leiden, indem sie dieses Leben ablehnen, von Sünde und ähnlichem reden, und den Himmel erst nach dem Tod zu finden glauben. Katzen, Hunde, Blumen, sie alle akzeptieren ihr Leben und leben es glücklich.

- Wenn ihr hört, es gehe darum, das "jenseitige Ufer" zu erreichen bzw. jenseits von Leben und Tod zu gelangen, stellt ihr euch wahrscheinlich vor, ihr müsstet aus dieser Welt heraus ans andere Ufer springen. Es gibt nichts dergleichen! Man transzendiert die Welt durch die innere Einstellung.

- Wenn ihr denkt, Leben und Tod seien die wahre Wirklichkeit, hängt ihr am weltlichen Leben und meint, nach dem Tod gebe es nichts.

- In der objektiven Existenz gibt es nichts, worüber man sich Sorgen machen muss. Da gibt es kein Leben und Tod, die aufhören müssen.

- Leben und Tod und Erleuchtung sind sehr eng miteinander verknüpft. Wenn der Mensch zur Erleuchtung kommt, weiss er, was Tod ist und was Leben.

- Wohin gehst du nach deinem Tod? Das ist eine grosse Frage. Um sie zu beantworten, muss man zuerst wissen, wo man jetzt ist.

- Wir kleben am Leben und hassen den Tod. Aber im Grunde gibt es keinen Unterschied zwischen Leben und Tod. Im Ursprung sind wir frei von Leben und Tod.

- Nach einem Leben von fünfzig, sechzig, siebzig Jahren sollte man nicht wie ein Hund oder eine Katze sterben. Es ist absurd zu behaupten, man könne nicht wissen, was nach dem Tod geschieht. Ihr sollt es ganz genau wissen!

- Manchmal erlangt man Freiheit kurz vor dem Tod, weil dessen Mühsal das egoistische Denken ausser Gefecht setzt.

- Wenn jemand stirbt, geht nichts verloren aus der Welt, und wenn jemand geboren wird, wird nichts zugefügt.

- Heute freuen wir uns, kämpfen, streiten und lieben, morgen gehen wir in Rauch auf und landen auf dem Friedhof! Alles nur ein Strich am Himmel – nichts bleibt übrig.

- Die Menschen verstärken ihr geistiges Leiden, indem sie dieses Leben ablehnen, von Sünde und Ähnlichem reden, und den Himmel erst nach dem Tod zu finden glauben.

- Leben und Tod verhalten sich zueinander wie Wellen und Wasser. Wasser und Wellen können nicht voneinander getrennt gesehen werden.

- Leben und Tod sind subjektive Auffassungen. Vom Standpunkt der Wirklichkeit gibt es nichts, das erscheint und verschwindet. Da gibt es kein Leben und Tod, die aufhören müssen.

- Wir denken vieles im Laufe unseres Lebens, wir studieren viel und erwerben grosses Wissen. Wohin geht all dies? Wir lieben und hassen und haben zahlreiche Erinnerungen. Was geschieht mit unserem Hass, unserer Liebe, unseren Freundschaften und Erinnerungen, wenn wir sterben?

Leere

- Der reine Geist ohne Inhalte ist leer.

- Die Worte "Leere" oder "Leerheit" sind trügerisch. Man stellt sich darunter meistens "null" und "nichts" vor.

- Vor der Schöpfung besteht Leere. Wie entstehen dann aber die zehntausend Dinge aus dieser Leere? Die Tatsache, dass sie daraus hervorkommen, beweist, dass Leere nicht wirklich leer ist.

- Diese Leere ist wie das Innere eines Kaleidoskops, in welchem sich alle Formen und Farben gleichzeitig offenbaren. Sonne, Mond, Sterne, Berge, Flüsse, Quellen und Bäche, Büsche und Bäume, schlechte Menschen und gute, gute Lehren und schlechte, Himmel und Hölle. All dies ist in der Leere eingeschlossen.

- Gäbe es keine äussere Formen, gäbe es keine Leerheit.

- Nehmt ein Glas voll Wasser. Es ist nicht leer und doch ist es so klar und durchsichtig wie der leere Himmel. Es sieht leer aus, aber es ist voll. Der leere Geist ist die Mutter, die alles hervorbringt.

- Solange man Vorstellungen verfallen ist, sieht man die Quelle des Universums nicht. Man steckt in einer negativen, passiven Leere.

- Die geheimnisvolle Kraft der allumfassenden Leere gleicht einem riesigen Ozean, der die materielle Welt mit einem Schluck zum Verschwinden bringt.

- Es gilt, die absolute Wirklichkeit (Leere) und ihre Verwirklichung im Dasein (Form) gleichzeitig zu erkennen.

- Auch wenn man die grosse Leere kennenlernt, kann man sich nicht völlig von dieser vorhandenen Welt trennen. Andererseits kann man diese veränderliche Existenz nicht verstehen, wenn man die grosse Leere nicht kennt.

- Man braucht nicht die Augen zu schliessen und nichts wegzuweisen oder zu vernichten, um die Leere zu beweisen; die Leere beweist sich durch die gesamte, ummittelbare Manifestation des Universums.

- Leere ist Erscheinungswelt, und Erscheinungswelt ist Leere.

- Viele Menschen denken, Leerheit sei das Höchste des Buddhismus, aber logisch gesehen kann sie nicht das Höchste sein. Denn wir entdecken sie durch Meditation als unsere innere Leerheit in Bezug auf die äusseren Formen. Diese relative Leerheit ist also nicht Leerheit selbst, sondern bloss ein Begriff, eine Repräsentation der wirklichen, absoluten LEERE.

- "Meditation" und "Leere" sind nicht die Verwirklichung der wahren Leere. Der Buddha warnte seine Anhänger oft vor dieser Falle.

- Denkt ihr, die Erscheinungsformen bloss als Einbildungen wegzuwischen, die Augen und Ohren zu schliessen und das ganzes Bewusstsein zu unterdrücken, sei Leerheit?

- Es gibt seit Buddhas Zeit, in jeder Generation viele, die in die Falle der Vorstellungsleere gefallen sind.

- An der Leere zu haften, ist kein echter Buddhismus, sich an die Meditation zu klammern, auch nicht.

- Wenn man in der absoluten Leere steht, die offenen Augen auf die Unendlichkeit gerichtet, erkennt man das eigene Ich nicht.

- Wir bezeichnen einen Menschen, der an der Leere der Meditation festhält, als "Fuchs in der Höhle", er meditiert in der Dunkelheit. Vielleicht hält er sich selber für heilig, doch er gleicht eher einer Kaulquappe in einem tiefen Teich.

- Wer den Buddhismus richtig versteht, haftet nicht am Begriff der Leerheit, auch verharrt er nicht in passiver Untätigkeit. Er ist aktiv und wach, aber sein Geist ist immer leer wie der Himmel.

- Bindet euch nicht an irgend eine Idee von Leere. Wenn ihr eure Augen schliesst, die Bewegung eures Geistes anhält und die Bauchmuskeln zusammenpresst, in der Meinung, dies sei Leere, folgt ihr bloss eurer Vorstellung. Es gibt keine derartige Leere.

- Wenn der Geist leer ist, kann er sich ganz natürlich frei bewegen. Es ist wie bei einem Kind. Ein Kind hat kein Selbstbewusstsein, es spielt kein Theater.

- Denkt jetzt nicht an "Leere", nehmt dieses Wort einfach weg und seid leer.

Kapital 11

Liebe

- Wenn man jemanden liebt, muss man entsagen können, andernfalls ist die Liebe ein Anhaften oder Besitzergreifen.

- Liebe und Hass haben nichts mit Meditation zu tun, sie entstehen auf dem Boden der Erscheinungswelt.

- Wer nicht aus sich selbst heraus klar sieht, weiss nicht, was wahr ist und was nicht, und kann nicht wirklich lieben und anderen helfen.

- Ich habe oft versucht, euch das Wesen von Nicht-Ich und auch von Selbstlosigkeit zu erklären, aber ihr versteht es nicht. Liebe ist Nicht-Ich.

- Buddhisten betrachten das ganze Universum als eine Manifestation von Liebe und Mitgefühl, ohne dass sie eine personale Idee, einen schöpferischen Plan oder ein zielgerichtetes Schema hineinprojizieren.

- Liebe und Weisheit sind eins. Wenn wir dieses Eine in uns selber aufnehmen, ist es Weisheit, wenn wir es jemand anderem geben, ist es Liebe.

- Die parteiischen Gefühle von Liebe und Hass stellen sich allem in den Weg; nichts kann seinen natürlichen Gang gehen.

- Wenn etwas nicht von Herzen kommt, lasst es lieber bleiben!

- Menschen mit einem "leeren Geist" sind nicht geistesschwach oder dumm. Sie sind eher wie die Kinder, von denen Jesus sprach: einfach und unverdorben, spontan und offen. Ihr Geist ist bereit, mit der grossen Liebe in Kontakt zu treten.

- Es kommt darauf an (Sokei-an zeigt auf sein Herz). Wir müssen etwas Ursprüngliches, Natürliches haben, etwas, das nicht Buddhismus oder Zen ist, Wissenschaft, Religion oder Philosophie. Es muss uns selbst entspringen.

Meditation

- Meditiert und ihr werdet den Drehpunkt des Geistes von selbst finden.

- Wenn man in tiefer Meditation sämtliche Vorstellungen aufgibt, gelangt man zur angeborenen Weisheit, realisiert sie und wird eins damit.

- Man kann die innewohnende Natur nicht herbeireden oder gedanklich erfassen. Sie muss in der Meditation aufbrechen, so wie eine Lotusknospe aufbricht – vom Zentrum her.

- Indem man die Ideen über Meditation aufgibt, kommt man zur wahren Meditation.

- Wer ein natürliches, tiefes Herz, einen festen Unterleib (Sitz der Lebenskraft) und einen strahlenden Geist hat, der braucht keine Meditation zu üben.

- In ruhiger Meditation kann man alle Aktivitäten des Geistes sehen und beobachten, von der Oberfläche bis zum Grund. Man kann sie objektivieren, als wären es die Aktivitäten eines anderen Menschen. Schliesslich verschwinden sie ganz.

- Wenn euch bei der Meditation der Gedanke kommt, nun sei euer Geist rein, dann handelt es sich um Scheinmeditation.

- In der Meditation erstreckt sich der Geist endlos in alle Richtungen; das Zentrum durchdringt das ganze Universum.

- Der einzige Schlüssel zur erlebten Einheit mit dem Universum gibt uns die Meditation.

- Wenn ihr euch zur Meditation hinsetzt, macht einen Sitzstreik gegen alle Vorstellungen und die ganze Aussenwelt und betrachtet euer eigenes Bewusstsein! Dann lösen sich alle falschen Ansichten auf.

- Wenn sich während der Meditation Gedanken bilden, wie eine kleine schwarze Wolke, dann braut sich ein Sturm im Geist zusammen und man fällt vom Himmel in die Hölle, vom Buddha-Zustand in den Höllen-Zustand.

- Das, was ihr ohne Denken bekommt, ist wahre Meditation.

- Wenn ihr seht, dass es kein Ego gibt, keine bestimmte Seele, die es zu kontrollieren gilt, dann befindet ihr euch von selbst in Meditation.

- In der geistigen Schulung lernen wir, unseren Sinnes-eindrücken, Gedanken und selbst unserem Bewusstsein zu misstrauen. Wir misstrauen ihnen solange, bis wir zum universalen Bewusstsein durchgestossen sind. Dies kann nur durch Meditation geschehen.

- Es gibt Menschen, die in der Meditation sitzen und denken, sie hätten Frieden gefunden. Andere denken, sie fänden Frieden im Schlaf. Man findet Frieden weder im gewöhnlichen menschlichen Bewusstsein noch im Unbewusstsein, Frieden findet man nur im erwachten Sein.

- Echte Meditation geht über die gedankliche Beschäftigung hinaus, in ihr verschmelzen das Innere und das Äussere vollkommen. Das, was kein Aussen und Innen hat, ist die Wirklichkeit.

- Der Körper ist ein Symbol der Erde, halte ihn in der Meditation still. Verursache kein Erdbeben.

- Meditation bedeutet, alle Worte fallen lassen. Symbole zu benutzen, die man von aussen angenommen hat, ist nutzlos. Man meditiert mit dem, was man hat, ohne sich etwas von aussen zu borgen.

- Frage: "Wie kann man zwischen Meditation und Schlaf unterscheiden, in beiden Zuständen verliert man das Bewusstsein seiner selbst?" Antwort: "Jeder muss selbst in der Meditation erkennen, dass meditieren und schlafen nicht dasselbe ist."

- Wenn man die Augen in der Meditation schliesst, hält man die daraus resultierende Dunkelheit für einen tiefen Bewusstseinszustand, doch die echte Erfahrung lehrt uns, dass das nicht die Dunkelheit des tiefen Bewusstseins ist, sondern bloss die Dunkelheit der geschlossenen Augen.

- Meditation ist der kürzeste Weg zum wahren Seinszustand. Es ist nicht nötig, dieses lebendige Sein "Mensch" zu nennen. Nennt man es "Ich", klingt das sehr eingeschränkt und klein, doch wenn man ihm keinen Namen gibt und einfach darüber meditiert, erkennt man, dass es nie stirbt.

- Wenn ihr meditiert, kümmert euch nicht um die Geistesinhalte, wie Erinnerungen, Meinungen, Konzepte.

- Solange man etwas denkt, meditiert man nicht.

- So wie viele Tropfen Wasser einen grossen Ozean bilden, so bildet das Bewusstsein vieler Individuen einen grossen Ozean des Bewusstseins. Zu diesem kehren wir in der Meditation zurück und erleben seine Kraft.

- Den sterblichen Geist einfach gewähren zu lassen, ist eine schlechte Gewohnheit. Kuriert euch davon durch Meditation! Schaut in euren Geist hinein und beobachtet diese irrsinnige Parade von Gedanken. Nach einigen Monaten oder Jahren seid ihr geheilt und seht den Boden des Geistes.

- Wenn ihr Routinearbeit macht, meditiert; wenn ihr meditiert, verrichtet Routinearbeit. Dann werdet ihr euch nicht mehr darüber beklagen, dass ihr keine Zeit zum Meditieren habt.

- Durch Phantasie kann man eine wage Idee von Buddhaschaft bekommen, aber mit Phantasien kann man auch jahrelang in der Dunkelheit meditieren wie ein Fuchs, ohne je zur Erkenntnis zu kommen.

- Die meisten Leute schliessen beim Meditieren die Augen, um nichts zu sehen, und halten dafür an ihren Traumbildern fest. Dann wird ihr Geist sehr dunkel und schläft ein.

- Haltet die Augen beim Meditieren offen oder geschlossen, aber beschäftigt euch nicht mit euren Gedanken und Bildern. Ein Gedanke kommt – lasst ihn gehen; ein anderer kommt – lasst ihn gehen!

- Bevor ihr meditieren könnt, müsst ihr akzeptieren, dass es keinerlei anderer Gaben oder Fähigkeiten des Gehirns bedarf, als derer, die ihr bereits habt. Indem man alle Worte und Vorstellungen aufgibt, kehrt man zum ursprünglichen Geisteszustand, dem sogenannten "wahren Wesen", zurück.

- Als ich im Tempel lebte, arbeitete ich in der Küche, fegte den Garten und schnitzte Figuren für meinen Lehrer; da war keine Zeit, mich hinzusetzen und zu meditieren. Also meditierte ich im Stehen und Gehen, auf der Toilette oder in der Strassenbahn.

- Es ist nicht nötig, einen ruhigen Ort aufzusuchen und die Augen zu schliessen. Man kann unter einer Eisenbahnbrücke meditieren und die Urnatur direkt vor der Nase finden.

- Wenn ihr meditiert, meditiert im reinen, weissen Feuer des leeren Geistes.

- Jemand, der wirklich meditiert, denkt nichts. Sein Geist gleicht dem ruhigen Mond am leeren Himmel.

- Wenn man alle Begriffe weglässt, ist es leicht zu meditieren. Aber zuerst ist es nötig, gegen die vielen Begriffe im Kopf zu kämpfen und einen nach dem anderen los zu werden. Dann findet ihr den reinen Geist – es ist nicht euer eigener Geist – es ist das bodenlose, stille Bewusstsein.

- Viele ziehen sich in die Berge zurück, meditieren stundenlang innerhalb ihres eigenen Bewusstseins und denken, sie befänden sich auf einer sehr hohen Stufe der transzendentalen Welt. Aber sie sind nicht in der transzendentalen Welt, denn diese ist bloss eine Erfindung.

- Ohne diese Meditation ist der Geist wie ein Urwald, ohne Wege oder Strassen, voller Insekten und giftigen Tieren. Nehmt alles Falsche heraus, nichts Künstliches soll darin Platz finden. Lasst es nicht zu, dass euer Geist ein wilder Urwald bleibt.

- Es ist nicht nötig, die Gedanken anzuhalten – lasst sie einfach ziehen! Das ist echte Meditation.

- Durch Meditation bringt man alle Zweifel zum Schweigen. Das gelingt nicht von Anfang an. Doch nach und nach verbinden sich die verschiedenen Bewusstseinsschichten zu einem einzigen einheitlichen Bewusstsein. Diese Einheit führt in das universale Bewusstsein.

Nirvana

- Nirvana ist das Verlöschen aller Denkgewohnheiten und Wahrnehmungsmuster, wodurch man den Zustand der Realität erlangt.

- Betrachtet man die Welt durch grüne, rote und braune Brillengläser, dann sieht man sie grün, rot und braun. Betrachtet man die Welt mit dem reinen Bewusstsein, dann sieht man Nirvana.

- Viele Buddhisten sind besessen von Nirvana und streben ihr ganzes Leben lang danach, es zu erreichen. Das ist nicht nötig. Wir sind alle andauernd im Nirvana, die meisten wissen es bloss nicht. Mit Hilfe der Meditation gelangt man zu diesem Wissen.

- Die Nahrung für Nirvana ist Zwecklosigkeit, das heisst, Geist ohne Absicht.

- Trotz aller Täuschungen lebt der Mensch im ewigen Frieden von Nirvana.

- Man stellt sich fälschlicherweise vor, man erreiche Nirvana im Laufe der Zeit, doch wir können Nirvana sofort, in diesem Augenblick, erreichen. Es ist der bodenlose Boden unseres Geistes.

- Bodhi und Nirvana sind Phänomene auf unserem Bewusstseinsspiegel, sie haben keine Wirklichkeit. Dasselbe gilt für Geburt und Tod. Es sind Konzepte unseres Gehirns.

- Im Nirvana-Zustand gibt es kein menschliches Bewusstsein und folglich auch kein Wissen um Frieden oder Nicht-Frieden.

- Ihr sollt Nirvana verstehen, solange ihr noch lebt. Dann werdet ihr im Moment eures Todes nicht zweifeln und nicht versuchen, euch am Bettrand oder an die Hand eines anderen Menschen zu klammern.

- Der Buddha fand einen direkten Weg und seither wissen wir, dass man nicht bis ans Lebensende warten muss, sondern sofort ankommen kann.

- Viele sagen: "Wenn ich sterbe, trete ich ins Nirvana ein." Seid ihr sicher? Ihr werdet nicht ins Nirvana eintreten, wenn ihr Nirvana zu Lebzeiten nicht erkannt habt.

- Manch ein Mensch behauptet, er habe Frieden in der Welt gefunden; ich aber sage, dass es keinen bleibenden Frieden in der materiellen Welt gibt. In der Welt gibt es Hoffnung und Angst. Ich akzeptiere beides und erfreue mich meines Lebens, aber ich sage: "Nur im Nirvana gibt es Frieden."

- Ihr braucht nicht bis zum Ende eures Lebens zu warten, um am Boden eures Geistes Nirvana zu finden. Es ist nicht nötig, die Wellen des Ozeans wegzufegen, um den Ozean zu sehen.

- Zu meinen, man falle nach dem Tot automatisch ins Nirvana ist falsch verstandenes Nirvana. Denn Nirvana erscheint nur vom menschlichen Standpunkt aus als ein Zustand der vollkommenen Vernichtung; in Wirklichkeit ist es jenseits von Sein und Nicht-Sein.

- Geburt und Tod sind zwei Extreme der Existenz. Es ist nicht nötig, sie zu vernichten, sie hindern uns nicht am Eintritt ins Nirvana.

- Man findet Frieden weder im gewöhnlichen menschlichen Bewusstsein noch im Unbewussten. Frieden findet man nur im Nirvana, wobei Nirvana das erwachte Bewusstsein ist.

- Wenn man erkennt, dass alles im Zustand von Nirvana ist, muss man es nicht "geniessen".

- Wenn man sich vom Nirvana trennt, fällt man in die Unwissenheit zurück.

- Wer wirklich "angekommen ist", trennt sich nicht vom Nirvana, aber haftet auch nicht daran.

- Wenn der Geist nicht im Zustand von Nirvana ist, geht er beim Tod mitsamt der schlafenden Weisheit in das Chaos ein, in die Dunkelheit der Unwissenheit.

Reinkarnation

- Die meisten Menschen meinen, Wiedergeburt geschähe nach dem physischen Tod, aber sie findet in jedem Augenblick statt. Man wird auch in den Gedanken wiedergeboren, in einer Form nach der anderen.

- Wer das Gesetz der Reinkarnation zu verstehen wünscht, beobachte die Reinkarnation der eigenen Gedanken! Denn jeder menschliche Gedanke ist ein Bestandteil des Seins und zeigt, wie sich dieses wiederverkörpert.

- Das, was sich reinkarniert, ist kein bestimmter Körper, keine bestimmte Seele. Wenn ihr dies versteht, wisst ihr, dass eure Täuschungen eurer eigenen Unwissenheit entstammen.

- Solange man in Gedanken verkörpert ist, hat man keine Chance, die Freiheit Buddhas zu realisieren.

- Man kann auch Unfug treiben mit der Ideen von Reinkarnation. Wenn ein junger Mann versucht, an eine junge Dame heranzukommen, mit der er sich während eines Regenschauers unter einen Baum flüchtet, sagt er vielleicht: "Es muss zwischen uns eine Anziehung aus einem früheren Leben geben, sonst stünden wir jetzt nicht zusammen unter diesem Baum."

Religion

- Der wahre Gott ist hier, nicht im Himmel.

- Dieser Welt der Verwirrung zu entsagen, ist der erste notwendige Schritt beim Eintritt in wahre Religion. Beim nächsten Schritt richtet man den Blick wieder auf die Welt.

- Religion kann nicht jenseits der Welt existieren. Die Idee der Flucht aus dem weltlichen Leben ist nicht gut. Man muss herunterkommen zu Schinken und Ei, Brot und Butter.

- Menschen, die nur mit dem Mund über Religion reden, stossen nicht zu ihrem eigenen religiösen Wesen durch; also haften sie an den verschiedenen Namen und töten sich sogar gegenseitig um dieser Namen willen.

- Natürlich werden auch im Buddhismus Tempel gebaut und Symbole aufgestellt. Doch die wahre Religion ist nicht dort, wahre Religion ist eine innere Haltung.

- Institutionalisierte Religion ist eine gefährliche Sache, sie bewirkt merkwürdige Dinge im Menschen.

- Echte Religion kann nur durch das Tor betreten werden, an dem man sämtliche Vorstellungen und Ideen abzugeben hat.

- Wenn jemand bei mir viele Worte über Religion macht, sage ich: "Hör auf zu reden, ich verstehe kein Wort. Zeig es mir!"

- Der westliche Maler malt von aussen und beobachtet das Objekt sehr genau, aber wenn es zur Religion kommt, schliesst er die Augen. Der östliche Maler kopiert nie die Aussenwelt, er schaut nach innen und malt das Wesen der Dinge, aber wenn es zur Religion kommt, öffnet er beide Augen weit und sieht Gott überall.

- Man muss alle Täuschungen loswerden. Das ist der wahre Sinn von Religion. Viele Leute verstehen das nicht. Sie meinen, um religiös zu sein, müssten sie viele Dinge vermeiden; sie dürften nicht rauchen, tanzen, Frauen treffen usw.

- Buddhismus muss im täglichen Leben angewandt werden, andernfalls ist es eine tote Religion.

- "Religiös sein" bedeutet nicht, die Bibel oder die Sutras zu lesen. Es bedeutet, aus der einfachen und direkten Geisteshaltung heraus im Garten zu arbeiten, Nägel einzuschlagen, Briefe zu schreiben, zu kochen, zu waschen und mit Kindern zu spielen.

- Oft scheint es mir, dass die Prediger nicht wissen, wovon sie reden, selbst wenn ihre Worte wahr sind.

- Viele Lehrer sprechen über Religion, sind aber nie in sie eingetreten. Das ist so, wie wenn jemand vor einem Restaurant steht. Er kennt den Geruch von Beefsteak, hat es aber nie gegessen.

- Es gibt viele Religionen auf der Welt, die sich um Angst und Macht drehen. Buddhismus ist eine Religion des Friedens und des Weisheit. Durch Weisheit finden wir Frieden und innere Freude.

- Sünden existieren nur im Kopf der Menschen.

Seele

- Was wir unter Seele verstehen, entspricht nicht der abergläubischen Auffassung der westlichen Menschen, die sich die Seele als etwas vorstellen, das im Körper eingeschlossen ist und nach dem Tod unabhängig wird und dann im Himmel herumwandert oder sich unter einem Stein versteckt bis zum Tag des jüngsten Gerichts.

- Ihr sollt eure nackte Seele wenigstens ein Mal im Leben sehen und ihre Schönheit entdecken.

- Es mag so aussehen, als hätte jedes Lebewesen seine einzigartige Seele. Aber gemäss Buddhas Erkenntnis, gründen die Unterschiede zwischen den Individuen in den verschiedenen Bedingungen in Zeit und Raum, so wie der elektrische Strom jede Lampe zum Leuchten bringt, Helligkeit und Farbe des Lichts aber von den Bedingungen der Lampe abhängen.

- Ihr wollt Gott im Himmel und den Teufel in der Hölle suchen, weil ihr eure ursprüngliche Seele nicht kennt.

- Es gibt von allem Anfang an nur eine Seele, und diese eine Seele wurde uns allen gegeben, so wie der Körper von Wasser jedem einzelnen von uns Tropfen um Tropfen gegeben wird. Dann wird er in verschiedene Formen umgewandelt, aber alle Formen stammen aus dem einen Wasser.

- Wenn ihr eure eigene Natur, euer eigenes Urwesen nicht finden könnt, könnt ihr auch euer eigenes Denken und eure eigene Seele nicht finden.

- Wir kennen keine individuelle Seele. Unsere Seelen sind vom Ursprung her eins und dasselbe.

- Die Seele ist der Spiegel des Bewusstseins. Dieses ist vollkommen, aber wir vergessen das, weil der Spiegel mit dem Staub der Täuschungen bedeckt ist.

- Die Auffassung, dass man die Seele sauber halten muss, wie sie in vielen Religionen vertreten wird, ist eine von den Menschen geschaffene Idee. Betrachtet die Natur! Wir finden diese Einstellung weder bei Tannen noch bei Katzen oder Hunden.

- Hat die Seele eine Grösse? Wenn die Seele keine Größe hat, hat auch das Universum keine Grösse.

- Wenn ihr eure Weisheit zur durchdringenden Beobachtung benutzt, nach innen und nach aussen, könnt ihr eure ursprüngliche Seele erkennen.

- Am Ende des Lebens, im Augenblick vor dem Tod, bedauert man, dass man die eigene nackte Seele nie gesehen hat. Es wäre besser gewesen, aufzuwachen und die nackte Seele zu sehen.

- Wenn ich mein eigenes Leben betrachte, erkenne ich, dass ich in der Jugend mein Gehirn benutzt habe. Später benutzte ich meinen Geist und mein Herz, und nun versuche ich, meine Seele, bzw. meine Natur zu benutzen.

- Haltet euer Gemüt und das Herz entspannt und frei! Legt eure Stärke in die Natur der Seele.

- Obwohl man in einem Männer- oder Frauenkörper lebt, ist die Seele frei von der männlichen oder weiblichen Form.

- Im Universum gibt es keine einzige individuelle Seele mit einem separaten Karma. Alle Seelen sind miteinander verbunden.

- Ihr solltet es nicht für nötig halten, anderen gegenüber eure Würde zu demonstrieren oder ihnen eure Grösse zu beweisen. Begegnet einfach jedem Menschen so, als würdet ihr der Seele des Universums begegnen.

- Die Oberfläche des Ozeans schwingt hin und her und wirft Wellen gegen den Himmel, doch am Grund ist es ewig ruhig. Die Seele, die auftaucht und untertaucht, ist der Schatten der schwingenden Seele.

- Ein getäuschter Mensch ist einer, dessen Seele unter Vorstellungen und Aberglauben begraben ist und der keine Zeit hat, sein wahres Wesen zu finden. Sein Geist ist mit Sägemehl gefüllt.

- Der Buddhist glaubt nicht an die Schaffung von bestimmten individuellen Seelen. Nach seiner Überzeugung führt die universale Seele viele Leben gleichzeitig: in einer Frau ist es das Leben einer Frau, in einer Katze das Leben einer Katze, in einem Hund ein Hundeleben, in einem Spatz ein Spatzenleben.

- Die Vorstellung von einem Himmel, in den die Seelen nach dem Tod gehen und ihren Frieden geniessen, ist ein Mythos. Mythen sind eine Art frommer Fälschungen.

- Viele Leute setzen ihr Bewusstsein mit Gott gleich, aber Bewusstsein ist kein absolutes Wesen. Unser Bewusstsein entsteht zusammen mit dem Körper und ist deshalb nicht von der Materie getrennt.

- Wir meinen, wir seien im physischen Körper gefangen und müssten von ihm befreit werden. Aber es ist niemand in diesem materiellen Körper gefangen, die Seele ist frei.

- Die Seele befindet sich nicht im Körper wie das Wasser in einem Glas. Man kann sie nicht nehmen und ausrufen: "Ich habe sie!" Sie ist nicht in der Welt der Erscheinungen, man kann sie nicht mit den menschlichen Augen sehen.

Samadhi

- Ich übersetze das Sanskritwort "Samadhi" meist als "ruhige Meditation". Man könnte es auch als "Eintauchen in die Wirklichkeit" bezeichnen.

- Wenn das Äussere und das Innere sich vereinigen, entsteht der Zustand, den man Samadhi nennt.

- Samadhi ist ein Synonym für Yoga und bedeutet "vollständigen Kontakt". Es besagt, dass man in tiefer Meditation eins ist mit dem Objekt.

- Es ist wie bei einer Katze, die eine Maus beobachtet. Beide, die Katze und die Maus, befinden sich im Samadhi. Wenn sich die Maus bewegt, bewegt sich die Katze, und wenn die Konzentration der Katze nachlässt, rennt die Maus weg – das Samadhi ist verloren.

- Im Samadhi gibt es nicht die geringste Spur eines menschlichen Gedankens. Die Seele verschmilzt mit der Seele des Universums.

- Im Samadhi der gegenstandslosen Mediation ist man in die Grosse Buddhanatur versunken – man versenkt sich nicht selbst – man ist versunken.

- Ihr sollt euch darin üben, im Zustand von Samadhi zu verbleiben. Richtet euer Tun und Denken nur auf eine Sache. Wenn ihr "Ah" sagt, sollt ihr "Ah" sein.

- Samadhi, ist die Kerze, die in der Meditation brennt, und die innewohnende Weisheit ist das Licht.

- Das Samadhi des Alltags, in dem man ganz natürlich, ohne störende Gedanken, das tut, was es zu tun gibt – aufstehen, essen, die Schuhe anziehen, sich den Rücken kratzen –, das ist die Stille des einheitlichen Geistes.

- Wenn man meint, das Samadhi des einheitlichen Geistes bestehe darin, unbeweglich dazusitzen und keine Gedanken aufkommen zu lassen, schränkt man den Geist ein.

- Wenn ihr an eurer egozentrischen Sicht festhaltet und den Aberglauben an eine individuelle Seele wie einen Schatz hütet, könnt ihr Samadhi kaum erfahren.

- Das Samadhi des einheitlichen Geistes erlaubt keinen schwachen Augenblick. Wie beim Künstler an der Arbeit: Er malt einen Pflaumenzweig in einem Zug von oben nach unten und bringt mit seiner exakten Bewegung die Bewegung des Zweiges auf das Papier. Der Pflaumenbaum lebt!

- Als ihr im Schoss eurer Mutter lagt, wart ihr im Samadhi ohne Bewusstsein, doch das Bewusstsein war bereits latent vorhanden.

- Es ist sehr schwierig, echtes Samadhi zu erklären. Man muss es erfahren.

- Man mag sich mit anderen unterhalten und lachen, aber der Grund der Geistes ist leer und still und dehnt sich weit ins leere Universum aus.

- Manchmal wird das Wort "Samadhi" von den Gelehrten des Westens als "Absorption" übersetzt. Das ist falsch. Es gibt nichts, das im Samadhi absorbiert wird.

Selbst

- Es ist sehr schwierig, einen Menschen zu finden, der mit sich selbst direkt und ehrlich ist. Jemand, der mit sich selbst nicht direkt ist, kann sich selbst nicht wirklich sehen.

- Wer mit sich selbst einfach und direkt ist, kann es auch mit anderen sein.

- Solange man mit sich selbst nicht im Frieden ist, ist es nutzlos, andere zu beraten.

- Der ehrliche Mensch, der auch mit sich selbst ehrlich ist, schiebt seine Zweifel nicht einfach weg, sondern denkt tief darüber nach. So gelangt er an den Grund der Konflikte und wird fertig damit.

- Wenn wir selbst mitten im Sosein stehen, funktionieren auch die Sinne im Sosein. Dann ist das Urwesen keine Idee, nichts Abstraktes, sondern ganz konkret das, was die Dinge eben sind.

- Zerstöre die Vorstellung von einem individuellen Wesen und du wirst zum universalen Selbst.

- Kleinliche Menschen sind oft schlecht gelaunt und misstrauisch. Sie schaffen sich diese Gemütslage selbst. Niemand anders setzt sie in diese kleine Welt.

- Manchmal ist es sicherer, auferlegten Einschränkungen zu folgen, manchmal nicht. Das ist ein Problem, das jeder für sich selbst lösen muss.

- Solange man sich selber nicht findet, lebt man im Dunkeln, wie das Kind im Mutterleib.

- Die Auffassung von einem allein existierenden Selbst ist zum Scheitern verurteilt, weil sie eine Einheit in zwei hypothetische Existenzformen aufteilt, nämlich in Körper und Geist.

Universum

- Ihr sollt wissen, dass euer Körper nicht an der Hautoberfläche endet. Das ganze Universum – mit Sonne und Mond, Meeren und Flüssen – ist euer Körper.

- Es gibt viele Dinge im Universum, aber das Universum ist leer.

- Die natürlichen Gesetze des Universums erfüllen sich von selbst; wir brauchen uns nicht unnötig anzustrengen und in das Geschehen einzumischen.

- Im Universum existiert nichts, aber es gibt nichts, das nicht existiert.

- Ihr sollt nie vergessen, dass das ganze Universum von euren eigenen Erfahrungen erschaffen wird.

Urnatur und Ursprung

- Wenn man versucht, das ursprüngliche Wesen mit Hilfe der Emotionen zu finden, kommt man nicht ans Ziel. Versucht man, es durch die Vernunft zu finden, gelingt dies auch nicht.

- Der Regen fällt auf den Berg, den Fluss, das Feld, den See. Dann wird er verwandelt in Zweige, Blätter und alle Arten von Gemüse. Er gelangt in das Trinkglas, in unseren Teppich, unsere Tinte und zahlreiche andere Dinge. Aber das, was ursprünglich vom Himmel fiel, ist eine einzige Substanz.

- Das "ursprüngliche Zuhause" ist nicht das Elternhaus. Es ist der ursprüngliche Zustand der Seele.

- Wo ist euer ursprüngliches Zuhause? Es ist nicht das Haus von Vater oder Mutter, es ist nicht eure Wohnung.

- Wie die Taube, die zu ihrem weit entfernten Nest zurückfliegt, so haben auch wir einen Heimkehrinstinkt, der uns zum ursprünglichen Zuhause unserer Seele führt.

- Es gibt keine individuelle Urnatur, die mir oder dir gehört. Aber die Urnatur ist in mir und in dir. Sie ist bei allen dieselbe.

- Die Urnatur kritisiert nicht. Sie tadelt niemanden wegen Fehler noch lobt sie gute Taten. Sie kennt kein Strafgesetz.

- Legt alle Gedankenkleider ab, so wie du eine Zwiebel schälst. Durch diesen Entkleidungs- und Schälprozess wird die Urnatur freigelegt.

- Ich kenne meine Urnatur, weil ich sie sehe und nicht, weil ich darüber gelesen oder einen Vortrag gehört habe. Sie ist in keinem Buch und niemand kann sie einem erklären. Aber ihr sucht sie immer wieder in der Aussenwelt oder in der Psychoanalyse oder im Sex.

- Jemand mag kommen und euch ins Gesicht spucken, doch das schadet der Urnatur nicht. Also braucht ihr nicht darauf einzugehen.

- Das alle Lebenserscheinungen durchziehende universale Gesetz wird nicht durch Denken erfasst, man fühlt es in sich selbst. Wenn man zu viel isst, wird man krank; wenn man etwas stiehlt, hat man Gewissensbisse.

- Das eigene Wesen ist natürlich nicht der eigene gute oder schlechte Charakter, nicht die Persönlichkeit, sondern die Urnatur, die nicht geschaffen wurde und nicht aufhören wird

- Um die Urnatur zu finden, muss man den Entschluss fassen, alle Worte, Gedanken, Vorstellungen zu eliminieren.

- Man kann den ursprünglichen Geist nicht in einer bestimmten Form festhalten wie künstliche Blumen. Er wächst, ändert die Form und durchläuft verschiedene Phasen.

Vorstellungen

- Wenn man seine Vorstellungen loslässt, sieht man den Himmel auf Erden immer und überall.

- Um frei zu werden von Vorstellungen und Irrglauben, muss man sich rigoros von allem trennen, was einen an die Unwissenheit bindet.

- Als Menschen müssen wir geistig hart arbeiten und Verständnis entwickeln, bevor wir dieses Leben akzeptieren können. Wir müssen erst unsere falschen Vorstellungen und unsere Täuschungen los werde, um den Himmel in diesem Leben zu finden.

- Manch einer schreibt sich im Geist eine Novelle und gibt sich selbst die Rolle des Heiligen. Aber "heilig" ist eine Vorstellungen, die im wahrhaftigen Samadhi vergessen wird.

Wahrheit

- Wer meint, er müsse sich selbst oder die Aussenwelt manipulieren, um die Wahrheit zu verwirklichen, ist ein Dummkopf.

- Ich glaube, die Zeit ist gekommen ist, in der alle Menschen zu ihrer eigenen, lebendigen, fundamentalen Wahrheit zurückkehren müssten – zur Wahrheit in ihnen selbst, zur Wahrheit ihrer eigenen Natur.

- Durch die Gesetze der Gesellschaft wird uns der Mund gestopft, so dass wir nicht die Wahrheit sagen können. Hände und Füsse werden gebunden, bis das ganze Wesen geknebelt ist. So wird man ein feiner Herr oder eine feine Dame, aber man trägt Scheuklappen, wie ein Pferd.

- Das Tor muss demütig geöffnet werden, und wenn man eintritt, muss es in Stille geschehen. Dann wird sich die Wahrheit von selbst offenbaren und entfalten.

Weisheit

- Der weise und der verblendete Mensch haben dieselbe menschliche Natur, aber der eine gelangt dadurch zur Weisheit, der andere zum Leiden. Der eine meditiert und versucht, die Ursache aller Dinge zu sehen, der andere kümmert sich nicht darum und bleibt deshalb in der Unwissenheit stecken.

- Viele stellen sich unter Buddha jemanden vor, der dauernd meditiert, aber es ist in Wirklichkeit jemand, der zu seiner eigenen Weisheit erwacht ist.

- Buddhas Weisheit war nicht Magie. Er tat nichts anderes, als sich in die immense Einheit der ganzen Existenz zu vertiefen, um die gegenwärtigen Umstände der Menschheit zu beleuchten und zu erklären.

- Die Urnatur hat die wirkende Eigenschaft, uns aus der Dunkelheit zum Licht zu bringen, von Unwissenheit zu Weisheit, von Krankheit zu Gesundheit und von Unruhe zu Stille. Die Urnatur kämpft immer gegen Störungen, Krankheit und Dunkelheit.

- Wenn man Weisheit wortlos erfasst, ist es, als ob ein Nacht-falter sich nach langem Umherfliegen in die Kerzenflamme stürzt.

- Die innewohnende Weisheit stirbt im Tod nicht, denn die Urnatur ist Weisheit. Man wird mit ihr in diese Welt hinein geboren.

- "Alles ist Wirklichkeit" bezieht sich nicht auf die vergängliche, materielle Existenz, sondern auf die allem innewohnende Essenz.

- Getrieben durch das Leiden sucht man zwangsläufig nach der wahren Grundlage des Lebens. Das Licht der inne-wohnenden Weisheit wird aus unserem überpersönlichen Bewusstsein heraus geboren, und mit diesem Licht wird die Dunkelheit vertrieben.

- Das intuitive Wissen ist nichts Mysteriöses, weder Hellsichtigkeit noch der besondere Geist einer Frau, die als Medium figuriert. Wir alle haben dieses Bewusstsein, wir sind selbst das Medium.

Welt

- Ihr sollt verstehen, dass es objektiv gesehen keine bestimmte Welt gibt. Jeder schafft sich seine eigene, subjektive Welt auf Grund seiner Sinneswahrnehmungen.

- Ob man abseits der Welt lebt oder mitten darin, es ist ein und dieselbe Welt.

- Einmal begegnete ich einem Mann, der seine Mütze über das Gesicht gezogen trug. Auf die Frage, wozu er dies tue, antwortete er, er wolle die dunkle Welt nicht sehen.

- Um den echten Dienst an der Welt und an den Menschen zu verstehen, muss man Nicht-Ich verstehen.

- Schaut man mit den zwei Augen in die Welt, sieht man ihre Formen, schaut man nach innen, sieht man ihr Wesen.

Wirklichkeit

- Vergeudet keine Zeit mit leeren Worten. Das sind nur Symbole. Wichtig ist es, die Wirklichkeit zu erfassen. Nutzt eure Zeit!

- Wirklichkeit hat keine Form, aber sie nimmt alle möglichen Formen an.

- In Wirklichkeit sind Leidenschaft, Zorn und Unwissen nicht real, es sind nur Faktoren im menschlichen Denken.

- Das Einkleiden der Wirklichkeit in Bilder führt zur Vereh-rung von Idolen, das Einkleiden der Wirklichkeit in Begriffe, welche dann wieder durch Begriffe erklärt werden, resultiert in Philosophie und das Einkleiden der Wirklichkeit in Symbole ergibt Rituale.

- Philosophie bringt einen zum Tor der Wirklichkeit, doch dann muss man dieses Tor in der direkten Erfahrung durchschreiten und in die wortlose Wirklichkeit eintreten.

- "Zweiheit", "Vielheit", "Einheit" – all dies sind Schlussfolgerungen des logischen Denkens, doch sie haben nichts zu tun mit der Wirklichkeit. Wenn die Wirklichkeit ein Mensch wäre, würde sie lachen.

- Wenn man die Wirklichkeit erfasst, sieht man den Zustand, in dem es kein Gesetz gibt und gleichzeitig den Zustand, in dem zahlreiche Gesetze gültig sind.

- Versucht man ein Prinzip zu finden, das mit der Wirklichkeit der Existenz übereinstimmt, darf es keine fixe Idee sein.

- Wie schmeckt Wasser? Ist es süss oder bitter? Kann es jemand erklären? Trink Wasser, dann weisst du es und brauchst nicht mehr darüber zu reden. Wenn man debattiert, verliert man den Geschmack und kann die Wirklichkeit nicht erfassen.

- Die Wirklichkeit ist kein Geheimnis. Man muss nur alle Worte und Meinungen eliminieren und in das wortlose Sein eintauchen. Jedes Wort ist ein Symbol, aber Symbole sind nicht die Wirklichkeit selbst.

- Der Mensch macht sich immer abhängig von etwas, die Wirklichkeit nicht.

- Die Wirklichkeit ist ewig, vollkommen, unveränderlich und unerschütterlich. Alle Lebewesen, alle Gedanken, auch alle Wissenschaften entspringen ihr. Es ist wie mit Kaulquappen: unzählige Kaulquappen entstammen einem einzigen Frosch.

- "Urnatur", "das Wesen vor Vater und Mutter", "Buddha-Natur": das sind alles Namen für die namenlose Wirklichkeit.

- Die Wirklichkeit, die absolute Existenz, ist jenseits von allen Gegensätzen und kann vom denkenden Geist nicht gewusst werden.

- Raum und Zeit sind subjektiv und nicht die Wirklichkeit. Was ist die Wirklichkeit? Das ist eine grosse Frage. Die "Nicht-Dualität" ist die Wirklichkeit.

- Wenn ihr die Wirklichkeit erfasst, erfasst ihr die wahre Einheit und Gradlinigkeit des Geistes.

- Der "Eine Geist" hat nichts zu tun mit zwei oder eins oder Licht und Schatten, ja oder nein. Diese Kategorien haben nichts zu tun mit der Wirklichkeit.

- Die Wirklichkeit ist Einheit, nicht Dualität.

- Da wir die Wirklichkeit nicht mit unserem gewöhnlichen Denken erfassen können, machen wir eine mentale Unterscheidung zwischen dem Sichtbaren und dem Unsichtbaren. Wir nennen das eine "Materie", das andere "Geist" und platzieren beide Kategorien in verschiedene Bereiche. Auf diese Weise teilen wir ES in zwei Teile. Aber es gibt nur eine Wirklichkeit und wir leben bereits darin.

- Man kann die zwei Seiten der Existenz nur dann gleichzeitig sehen, wenn man das eine Wesentliche erfasst – die Wirklichkeit.

- Viele sogenannt religiöse Menschen stehen hoch über der Welt und wollen die kleinen Einzelheiten der Realität nicht sehen. Man sollte jedoch die Augen wieder öffnen und die reale Welt der Einzeldinge annehmen.

- In der Wirklichkeit gibt es nichts, das erscheint und nichts, das verschwindet. Leben und Tod sind subjektive Auffassungen.

Worte

- Worte sind dafür da, in einer Unterhaltung oder in intellektuellen Überlegungen benutzt zu werden. Wie das Besteck auf dem Esstisch sollen sie nach dem Gebrauch weggeräumt werden.

- Ein Papagei kann Worte wiederholen, ohne ihre Bedeutung zu kennen, und es gibt eine ganze Menge solche Papageien unter uns.

- Zu viel Geschwätz führt einen in tiefes Wasser, aus welchem man vielleicht nie wieder herauskommen kann.

- Wenn das, was überliefert wurde, zur in Worte gefasste Formel würde, hätte es keine lange Lebensdauer.

- Erklärungen erzeugen Trennung.

- Wenn Lehrer nichts anderes tun, als Namen zu schaffen, die auf ihren Vorstellungen basieren, tun auch die Schüler nichts anderes.

- Wenn ich versuche, mit jemandem zu sprechen, dessen Geist vollgestopft ist, kann ich sehen, wie alle meine Worte verdreht werden und ihre Bedeutung verlieren.

- Das Denken in Worten, das Philosophieren auf der Basis von erworbenem Wissen, führt nicht in die Wirklichkeit.

- Jedes Wort ist ein Symbol, aber Symbole sind nicht die Wirklichkeit selbst.

Zen

- Zen ist das tägliche Leben von früh bis spät. Aber wer studiert schon das tägliche Leben?

- Zen in einem Kloster zu studieren, gleicht dem Schwimmenlernen in einem Pool. Wahres Zen ist wie das Schwimmen im Ozean.

- Viele Zen-Schüler haben falsche Vorstellungen von Erleuchtung und viele Scharlatane schreiben und reden von einer "übernatürlichen Erleuchtung". Sie wissen nichts von echter Erleuchtung, weil sie sie nie erfahren haben.

- Mit Zen hat jeder eine grosse Chance zum Erwachen; man sollte darauf gefasst sein und diese Chance packen. Tut man das nicht, muss man seine Erziehung über viele Verkörperungen hindurch vollenden.

- Ein ehrlicher Zen-Mensch schaut nicht auf andere, um zu entscheiden, ob etwas richtig oder falsch ist.

- Es gibt viele Zen-Krankheiten. Wenn jemand denkt, Zen habe bewirkt, dass er lebendiger, tiefgründiger oder klüger geworden sei, ist das nichts als eine krankhafte Überzeugung, aber sicher nicht Zen.

- Zen lehrt "was ist"und nicht "was sein soll".

- Im Zen kommt es letztlich auf das tägliche Leben an.

- Zen unterscheidet sich von den meisten Religionen der Welt, indem es danach strebt, die unaussprechliche Wirklichkeit direkt zum Ausdruck zu bringen, während andere Religionen das Wesentliche in Begriffe, Symbole oder Bilder kleiden.

- Im Zen benutzen wir unser gegenwärtiges Bewusstsein und treten mit dessen Hilfe in Kontakt mit der universalen Wirklichkeit.

- Zen muss in jedem Augenblick angewandt werden.

- Im Zen üben wir das Aufgeben von allen Systemen und fixen Ideen. Wir üben den Blick in die eigene Urnatur.

- Als Zen-Schüler studieren wir das Denken der Menschen. Es gibt Menschen, die die menschliche Schönheit studieren – Bildhauer und Maler; es gibt Menschen, die den materiellen Wert der Dinge studieren – Ökonomen, und es gibt Menschen, welche die Macht studieren – Militaristen und Politiker. Doch wir studieren den menschlichen Geist.

- Im Zen-Studium kann man vier Stadien unterscheiden. Zu Beginn erkennt man Samādhi. Dann erkennt man Weisheit. Drittens erkennt man Leerheit und viertens bejaht man alles. Doch bevor man zu diesem Schluss kommt, müssen die anderen drei Stadien durchschritten werden.

- Wenn ich jemanden treffe, der mehrere Jahre lang Zen praktiziert hat und immer noch seiner intellektuellen Tendenz folgt, dann weiss ich, dass sein Zen nicht frei und stark ist.

- Wenn man alle Begriffe weglässt, ist es leicht, Zen auszuüben. Aber zuerst müsst ihr gegen die vielen Begriffe in eurem Kopf kämpfen und einen nach dem anderen los werden. Dann findet ihr den reinen Geist. Es ist nicht euer eigener Geist. Es ist das bodenlose, stille Bewusstsein.

- Jeder Scharlatan kann die Zen-Haltung nachahmen und diejenigen, die auf ihn hereinfallen, imitieren ihn und denken, es sei Zen.

- Es ist närrisch, Zen-Bücher zu lesen und zu denken, man verstehe nun Zen und könne gar darüber predigen. Aber man muss sich mit Zen zuerst auch philosophisch befassen. Man muss am Seil der Philosophie festhalten und langsam zurückgehen. Wenn die Erkenntnis des Zen nicht auch zu einer philosophischen Schlussfolgerung führt, ist es keine Erkenntnis.

- Im Zen gibt es keinen Platz für philosophisches Geschwätz. Das, was zählt, ist die Schlussfolgerung.

- Sitzt auf der Stille! Wenn ihr über das Was und Warum nachdenkt, werdet ihr in hundert Jahren nicht ins Zen eintreten.

Sammelsurium

- Ihr denkt, Heilige müssten erhaben aussehen, aber "heilig" ist keine Sache des Aussehens, es ist im Herzen.

- Es gibt keine anhaltende Güte und keine bleibende Schlechtigkeit. Beide bringen zwangsläufig ihr Gegenteil hervor.

- Wenn ein Mensch versucht, etwas zu "machen", verliert er seinen Halt.

- Kapitalismus ist die Peitsche der Galeere. Die Menschen wer-den zwar heute nicht mit Eisenketten gefesselt, aber mit Dollarnoten.

- Nicht-Anhaften heisst, keinen festen Standpunkt zu haben.

- Ich halte nicht viel von Menschen, die nicht im Stande sind, ihre eigene Essenz herauszudestillieren, nur weil sie diesen Prozess nicht aushalten können.

- In der Gegenwart von Menschen, die ihre Fragen nicht angehen und ihre Probleme nicht lösen, ist mir nicht wohl. Ich gehe ihnen aus dem Weg. Aber ein Mensch, der ein fundamentales Unbehagen in sich trägt und nicht ruhen kann, bis er die Lösung hat, den achte und unterstütze ich aus vollem Herzen.

- Wir haben unseren eigenen Meister in uns, aber wer ihm noch nicht begegnet ist, kennt ihn natürlich noch nicht.

- Wir meinen, wir seien in diesem physischen Körper gefangen und müssten von ihm befreit werden. Aber es ist niemand in diesem materiellen Körper gefangen, noch wird jemand vom mentalen Körper getäuscht.

- Wir sollten unsere Zeit nicht damit vergeuden, die Theorien anderer Menschen zu diskutieren. Wenn ihr übrige Zeit habt, setzt euch hin und kultiviert eure Entscheidungskraft!

- Die Befreiung von den Illusionen und Täuschungen kann nur hier auf der Erde geschehen.

- Gäbe es auf der Erde keine Menschen, die den Boden pflügen und Samen säen, wären Überschwemmungen weder gut noch schlecht. Gut und schlecht sind immer auf unsere Wünsche bezogen.

- Alle Gegensätze sind wie zwei Äste eines Baumes, die in entgegengesetzte Richtungen zeigen. Sie mögen sich je nach Sonneneinstrahlung etwas anders entwickeln. Aber die Unterschiede sind nicht unabhängig von einander, es sind Erscheinungen des einen Baumes, nur bedingt durch äussere Umstände.

- Viele meinen, sie müssten einem Baum die Blätter und Äste abschneiden, um seine Wurzel zu finden. Aber das ist nicht der richtige Weg. Lasst die Blätter und Früchte hängen und findet die Wurzel!

- Wer sich auf eine Idee festlegt, gleicht einem Amateurmaler, der keinen blauen Himmel malen kann, ohne die blaue Farbe, und keinen Indianer, ohne die Farbe rot. Man soll sämtliche Farben benutzen in Abstimmung auf die jeweiligen Lichtverhältnisse.

- Die Freundschaft mittelmässiger Menschen ist oft wie Honig: süss, aber auch klebrig. Sie zieht viele Insekten an. Die Freundschaft klarer Menschen ist wie Wasser: rein, durchdringend, einfach und direkt. Sie hat nicht viel Geschmack, aber man kann sie lange geniessen.

- Deine Emotionen gleichen dem Feuer. Kontrolliere sie! Entfache keine Feuersbrunst!

- Alles hergeben heisst, alle Sorgen aufgeben, restlos alle Sorgen.

- Man kann das Herz benutzen, um das Herz zu besiegen!

- Philosophie ist nichts anderes, als eine Ausdünstung unseres eigenen Gehirns.

- Ein Hund bellt den Mond an und tausend Hunde bellen. Ein blinder Mensch sagt etwas und alle anderen blinden Menschen folgen ihm, weil sie kein eigenes Führungsprinzip haben, wonach sie sich richten.

- Obwohl sich der absolute Zustand jenseits unserer fünf Sinne befindet, können wir ihn erkennen, und zwar mit Hilfe der meditativen Intuition.

- Wir sollten nicht auf die Fehler der anderen schauen, sondern unsere eigenen Fehler verstehen.

- Man muss sich mit der eigenen Frage beschäftigen, muss sie einkochen, bis sie ganz deutlich wird. Dann, wenn es keinen Zweifel mehr gibt, wacht man auf. Dieses Aufwachen ist das Ziel.

- Alles erscheint als Form, aber nichts hat Form.

- In der objektiven Welt gibt es keine Sinneseindrücke und folglich auch keine Wünsche.

Ressourcen

First Zen Institute of America
Das 1930 gegründete First Zen Institute of America ist eine gemeinnützige religiöse Organisation.

Sie dient der Bekanntmachung und Pflege des Rinzai-Zen für Menschen ausserhalb des klösterlichen Umfeldes. Ein Schwerpunkt ist die Publikation des umfangreichen Materials, das der Zen-Meister Sokei-an Sasaki nach seiner Lehrtätigkeit hinterlassen hatte und das von seinen Schülern gesammelt und archiviert worden war.

http://www.firstzen.org

Zentrum für Zen-Buddhismus, Zürich, Schweiz
Das Zentrum für Zen-Buddhismus ist ein Ort, an dem die Stille des Geistes und die lebendige Offenheit des Herzens angestrebt und kultiviert werden. Die geistige Grundlage bildet die Lehre des Zen-Buddhismus. Buddhismus wird dabei nicht in erster Linie als eine fernöstliche Religion verstanden, sondern als eine Lebenseinstellung, die die Einheit und die angeborene Weisheit aller Lebewesen betont und allen Menschen offen steht.

http://www.zzbzurich.ch

www.ingramcontent.com/pod-product-compliance
Lightning Source LLC
Chambersburg PA
CBHW021934040426
42448CB00008B/1055